「旧字源」

旧漢字でわかる漢字のなりたち

青木逸平 著

瀬谷出版

はじめに

「旧漢字」というものを見かけたことがあるでしょうか。

たとえば、「慶應義塾」「國學院」などの大学名、歌舞伎座や寄席の「市川團十郎」「三遊亭圓樂」などの名看板、はたまた「讀賣新聞」のロゴなど、気をつけて探してみるとまだまだ目にする機会は多いかと思います。いえいえ、私は鏡花の『春書』を旧字旧仮名で愛読しております、という人もあるかもしれませんね、お見それいたしました。

さて、そうした旧漢字にどんなイメージをおもちでしょうか。「ずいぶんとこみいっていて難しそう」「旧時代の遺物」、「重厚感があってなんだか立派そう」「雰囲気がある」等々……まあ、人それぞれ感じるところは違うでしょう。

では「旧漢字」とはなんなのでしょうか。漠然と「昔の漢字」ぐらいに思われているかもしれませんが、「旧」とはあくまで「新」があればこそのもので、「新」漢字が生まれた結果、その字に対応するそれ以前の字体の字が「旧」漢字とよばれることになったのです。

終戦後の昭和二十一年、日常の〝用に当てる〟「当用漢字表」告示、同二十四年に表内漢字のうち複雑な字画のものについて略字の採用、点画の整理を行った「当用漢字字体表」が発表されました。ここに新漢字（新字体）、したがってそれに対する旧漢字（旧字体）が誕生したのです。その経緯は本文にゆずるとして、新字体は、書きやすさ、覚えやすさを意図したものでしたが、旧字体がもっていたその字の成り立ち（字源）や部分を共通する文字グループの関係性を失わせる結果となりました。

本書は、旧漢字をとりあげて、その字がおのずから示している、その字の成り立ちについて解説してみました。そして、その字と部分を共有する「グループ」の字についても、関連性を説明してみました。

たとえば、新字体で「学」「覚」「栄」「営」と一見同じ部分をもつ字は、旧字体では「學」「覺」、「榮」「營」の別のグループの字です。「𦥯」は、両手でささえられ交わる場所、つまり学校。「𤇾」は、たいまつを組みあわせた篝火。それぞれの字は、その部分にちなんだ成り立ちと意味をもちます。新字体では遡れなくなってしまった字源が旧字体でならわかるのです。

もうひとつ例をあげてみましょう。「体」の旧字体は「體」です。この字を見て、なるほど骨が豊かで「からだ」か、と納得するのではないでしょうか。しかし残念ながら、「豊」は「ゆたか」ではないのです（125頁参照）。というわけで、じつは字源の探究というのはなかなか一筋縄ではいかないものなのです。それだからこそ考察するのがおもしろいともいえるでしょう。

まず、旧漢字をじっとながめてみてください。字によっては三千年前のかたちをまだ保っているものさえあります。三千年前の古代中国の儀礼を伝えてくれる字もあります。そのイメージの喚起力を感じていただき、そして、その字源を楽しんでいただけたら幸いに思います。

［旧字源］――旧漢字でわかる漢字のなりたち●目次

はじめに　3

1章
「旧漢字」とは　9

「旧漢字」とはなにか？　11
当用漢字表・新字体までの道のり　14
当用漢字のその後　24
新字体と旧字体　27
漢字をめぐる混乱と迷走　34
漢字のこれから　41

2章
「旧字源」旧字体から字源を探る　43

3章

漢字の歴史と基礎知識　177

漢字の歴史　179
漢字の渡来と日本的な変化　186

新旧字体対照表・索引　205

あとがき　206

カバー篆書：修来書『篆書千字文』（寛保二年刊）より

1章

「旧漢字」とは

「旧漢字」とはなにか？

●「旧漢字」の誕生

「旧漢字」という言葉、そして日常のさまざまな場面で、「旧漢字」そのものを見かけた方も多いことでしょう。皆さん、漠然とどのようにとらえているでしょうか。

多くの人は、昔（戦前）の漢字、と考えていると思われます。間違いではありませんが、あまり正確ではありません。

そもそも「旧」とは「新」があって初めて生じる概念です。「古」と「今」との関係とは少々意味合いは異なります。「旧漢字」と「新漢字」もそうした関係にあるものです。

終戦まもない昭和二十一年十一月、内閣告示として、日常の〝用に当てる〟範囲の漢字を示した「当用漢字表」が発表されました。これは、日常使用する漢字の範囲を一八五〇字とする、言うなれば漢字「廃止」も視野に入れた、漢字の使用範囲の制限案といえるものでした。まず、この一八五〇字で、官公庁の文書、教育、子供の名づけ、そして暗に新聞・雑誌の報道についてもこれだけでまかなえ、というものだったのです。

つづけて二十三年二月、「当用漢字音訓表」告示、当用漢字表の各字について字音と字訓を整理、今後使用できる音訓を示しました。

そして、昭和二十四年四月、「当用漢字字体表」が告示されました。

「漢字を使用する上の複雑さは、その数の多いことや、その読み方の多様であることによるばかりではなく、字体の不統一や字画の複雑さにもとづくところが少くないから、当用漢字表制定の趣旨を徹底させるためには、さらに漢字の字体を整理して、その標準を定めることが必要である。」（内閣訓令）。

この意図に基づいて、当用漢字表に掲載された漢字のうち、複雑なもの（そうは思えないものも多いのですが）については、点画の整理、そして通用字体・略字に置き換える処理がなされました。この処理によって新しく定められたものが、「新漢字」とよばれるものです。そして、その新漢字（新字体）に対して、処理される前のもとの形の字体が旧字体と称されることになりました。ここに「旧漢字」（旧字体）が誕生することになったのです。

●「旧漢字（旧字体）」と「新漢字（新字体）」

「当用漢字表」（および字体表）によって新漢字（新字体）が誕生したわけですが、それから三十数年を経た昭和五十六年十月、「当用漢字表」を引き継ぐかたちで、九五字を追加、当用漢字と同じ方式で新字体化の処理を行った「常用漢字表」（一九四五字）が告示されます。ここでは「一般の社会生活において、現代の国語を書き表す場合の漢字使用の目安を示すもの」と前書きにあるように、漢字制限の意図はずいぶん薄れたものとなっています。そして、この「常用漢字表」が、現在にいたる漢字表記の基準、いうなれば新字体の基準になっているのです（平成二十二年十一月、常用漢字表は改定され二一三六字となりましたが、この改定については後述します）。

さて、こうして「新漢字（新字体）」、したがって「旧漢字（旧字体）」が誕生したわけですが、それでは新字体とよばれるものは何字ぐらいあるのでしょうか。

現在の常用漢字表二一三六字のうち、大きく字体が変わったものが約三五〇字前後、細かな点画の変更（辶しんにょうの点の違い、月部の書き分け、食偏の下部分の違いなど）を含めて六〇〇字強、そして後述する人名用漢字別表所載の新字体約四〇字を加えても、七〇〇字には届きません。つまり、私たちがふだん、「新漢字」あるいは「新字」「新字体」とよんでいる漢字はじつはこれだけ、したがって、「旧漢字」もこれだけしかないのです。

一〇万字ともいわれる（『大漢和辞典』所収は約五万一〇〇〇字）膨大な漢字のうち、「旧漢字」は約七〇〇、それでは他の字はというと「新漢字」がないわけですから、すべてもとの字形のままで、これを「旧」漢字とはいえないことはおわかりいただけたことでしょう。

さて、述べてきました「旧漢字」と「新漢字」という言葉ですが、大きなくくりとしてはかまわないのですが、一つの漢字に対して用いるとどうも曖昧なことになってしまいますので、ここからは「旧字体」と「新字体」という名称を使わせていただきたいと思います。

では、次から、新字体の誕生にいたる道のりを解説してゆきましょう。

当用漢字表・新字体までの道のり

●「字体」とは

まず、新字体、旧字体というときの「字体」とは何か、ということから始めたいと思います。書道で、楷書、行書、草書というものがありますが、これは書きぶりを表す「書体」であって、「字体」とは違うのでしょうか。だとすると、楷書や行書で書かれた、新字体・旧字体ということがあり得るのでしょうか。2章をご覧になると気づかれると思いますが、じつは楷書が旧字体の形で、行書や草書でくずした字が新字体として採用されている例が少なくないのです。さて、わからなくなりました。

明朝体とかゴシック体とかいう印刷の活字の形が「字体」ではないのか？　いい線です。ただし印刷用の活字に「楷書体」や「行書体」というものもなくはありませんが……（もう、いいかげんにしましょうね）。

じつは筆者もはっきりとはわからないのです。なーんだと思われるかもしれませんが、印刷の現場でも「書体」「字体」は混用されていて、現在ではコンピューター組版での呼び方「（デジタル）フォント」も主流として使われています。

手書き文字の筆写体から印刷用の活字体への移行が、「書体」と「字体」を区別する境目だと大雑把にとらえたうえで、もうすこし「書体」「字体」の歴史におつきあいください。

●明朝体の誕生

三千年以上前の古代中国で動物の骨や金属器に刻み込むかたちで発生した漢字は、紀元前三世紀、秦《しん》の始皇帝によって「小篆《しょうてん》」という字形に統一されました。現在でも篆刻、印章に使われる「篆書」の字形です。漢代（紀元前三世紀～三世紀）に入り、篆書を簡略化した「隷書《れいしょ》」の字形が普及し、漢代後半には隷書をさらに簡略にした「楷書」が誕生します。晋《しん》代（三～五世紀）以後は、楷書をくずしたような「行書」「草書」も普及しますが、それらは筆写上の「くずし字」であり、楷書が「公式」の漢字の字形として、現在まで続いてきているといえるのです（詳細は3章の「漢字の歴史」をご参照ください）。

さて、書物は長いあいだ筆写による写本のかたちで流通していましたが、北宋《ほくそう》時代（十～十二世紀）にいたって、木版印刷による出版、流通（販売）が急速に普及しました。版木に文字を裏返しに彫り付け、墨を塗り、紙に刷るという方法です。もちろん最初は楷書体で版行されていたのですが、楷書のもつ曲線が彫刻には手間と時間がかかることが大きなネックとなってきたのです。明《みん》代（十四～十七世紀）に入り、彫刻が容易なように楷書の曲線を直線で処理する字形が現れてきます。さらに、直線が並ぶさいには平行にする、可読性をよくするために縦画は太く横画は細くする、横画の止めに「うろこ」を付ける、右ばらいの最初に「筆おさえ」を付ける、といったさまざまなデザイン処理がなされるようになり、ここにいたって、木版印刷用の「明朝体」の字形（字体）が誕生することになりました。

●『康熙字典』

一六六二年、明王朝は完全に滅び、清《しん》王朝が誕生します。清朝は中国大陸北方の女真《じょしん》族の王朝、異民族による征服王朝です。もちろん漢字文化はもっていませんでしたが漢民族支配のために、急速に漢字文化を吸収します。とりわけ聖祖と呼ばれた康熙《こうき》帝（在位一六六一～一七二二年）は政務・学問ともに中国歴代の王のなかでも第一級といわれ、異民族のゆえもあったのでしょう、漢字文化の昂揚、出版事業に傾注しました。

康熙帝の命により、六年の歳月と三十名の学者を動員して編纂されたのが、史上空前ともいわれる漢字字典『康熙字典《こうきじてん》』でした（一七一六年成立）。二一四部首のもと、四九〇三〇字を収録。見出し、本文ともに「明朝体」が使われています（ただし、現在の明朝体活字とはかなりの異同があります）。

この『康熙字典』が、その後の漢字文化圏、そして日本の、漢字の字形（漢字じたいのつくり）、印刷活字の字体（明朝体活字の字体）の基準となることになったのです。ちなみに、旧字体のことを「康熙字典体」と呼びならわすのも、ここに由来します。

●日本の活字印刷のはじまり

十六世紀のイエズス会修道士による活字印刷、豊臣秀吉による朝鮮金属活字の移入、さらには江戸時代初期の木製活字印刷の例はあるものの、印刷部数の問題、そしてなによりは漢字の文字数の多さが障壁となり、日本の活字印刷の歴史はやはり明治維新を待つことになります

（幕末に長崎で和文活字が鋳造されたこともあったようですがはっきりしません）。

まず、明治維新後の明治二年（一八六九）、本木昌三《もときしょうぞう》が中国・上海で欧米人が鋳造した漢字活字を手に入れます。これは明朝体活字でした。この活字の模造から始め、そして明治五年、本木と弟子たちによって東京で活字製造所が設立されます（のちの築地活版製造所）。ここにいたって日本人による独自の活字製作・鋳造が開始されました。中国製の明朝体活字を参考にし、そして『康熙字典』の字形を基準にして、まさに現在に続く日本の「明朝体活字」の誕生でした。活字による活版印刷により次々と新聞・雑誌が刊行され、さらに秀英舎（のちの大日本印刷）などの新しい活字製作所も参入、独自デザインも加わった明朝体活字が、まさに世に溢れ出る情況にいたったのです。

明治十年代に現在に続く新聞が出揃い、二十年代には「中央公論」「国民之友」などの有力雑誌が創刊され、印刷・出版文化がいっせいに花開いた観がありました。

しかし、こうした活字文化の盛況に、眉を顰め、危惧を抱く人々もいたのでした。

●「漢字は文明発展の障碍」？

漢字の数の多さ、難しさに辟易していた人々はもともといました。たとえばのちに駅逓総監になる前島密《まえじまひそか》（一円切手でおなじみですね）は、幕末の慶応二年（一八六六）、将軍徳川慶喜に「漢字御廃止之議」（漢字を廃止し、仮名表記を国語とする）を建白しています。

明治維新、文明開化を迎え、西欧列強に追いつけ追い越せという意識の中で、四十八文字の仮名と何万字ともいわれる漢字と格闘しながら国語を表記している日本語が、二十六文字だけのアルファベットですべて事足りる西欧の言語にくらべて、ひどく非文明的な、野蛮なものと感じられたのも無理からぬ話であったといえましょう。なにより、漢字の本家本元である老大国・中国（清朝）が、列強各国により次々と侵食されていく情況を目の当たりにしているわけですから、その危機感もいやがうえにも増してゆくことになりました。

まず最初に現れたのは日本語を廃止して西欧の言語を国語にしてしまう、という極端な意見でした。のちに初代文部大臣となる森有礼《もりありのり》は明治五年（一八七二）、日本の国語を英語にするということを提案、しかしこれはイギリスの言語学者の側から反対されています。これはずいぶん後のことになりますが、小説家志《し》賀《が》直哉《なおや》は、太平洋戦争に負けたショックもあったのでしょうが「日本の国語程、不完全で不便なものはない」ので「世界中で一番いい言語、一番美しい言語」であるフランス語を国語に採用してはどうかとエッセイに書いています（昭和二十一年四月『改造』「国語問題」）。

こうした暴論はともかくとしても、明治時代、活字・漢字が溢れ出る中で、漢字廃止論、漢字制限論が次々と現れてきたのです。

●漢字廃止論

まずは、漢字を廃止して、日本語の表記をすべて仮名書き、ローマ字書きにしようというもの。仮名書きを提案した人物には、先ほど述べた前島密（明治三十年代まで漢字問題に関わることになります）をはじめ、明治十年代に物集高見《もずめたかみ》、大槻文彦《おおつきふみひこ》などの国文学者、教育者の三宅《みやけ》米吉《よねきち》、大正に入ってからの「カナモジカイ」の山下芳太郎《やましたよしたろう》などがいます。それぞれ旧仮名遣い

（歴史的仮名遣い）、表音式仮名遣い、表音カタカナによる日本語表記法を提案しました。

一方、意外と思われるかもしれませんが、ずいぶん多彩な人々も加わって長く支持されたのが、ローマ字による日本語表記法の提案でした。明治十年代から、理学者の矢田部《やたべ》良吉《りょうきち》や英文学者の神田《かんだ》乃武《ないぶ》、ともに帝国大学総長を務めた外山《とやま》正一《まさかず》や山川《やまかわ》健次郎《けんじろう》、鳩山《はとやま》和夫《かずお》、穂積《ほづみ》陳重《のぶしげ》らが「羅馬字会」を発足させ、活動は続き、近年までローマ字論は一定の支持を保っていました。まず欧米と同じアルファベット表記であること、そして完全（？）な表音式であることが支持されてきた理由でしょう。現在のワープロソフトでのローマ字入力を考えると、なるほどと思う人もいるかもしれません。

ただし、仮名書き論もローマ字論も大きな勘違いをしていました。文字自体に意味をもつ漢字の認識性の高さを忘れています。加えて、日本化した漢字音による同音語の氾濫、たとえば、交渉・考証・口承・公称・高尚・鉱床・校章などコウショウと読む漢字熟語は、字音仮名遣い（後出）なら多少の使い分けもできるでしょうが、表音式では区別はつけられません。漢字がないと音だけでは意味が担保できないのです。

さらに根本的な問題として、漢字熟語は和語（やまと言葉）に置き換えられないということがあります。仮名書き論・ローマ字論の人々も漢語を和語に置き換える提案はしているものの、大和時代以前、文化の黎明期に漢字を輸入してしまった日本では、抽象概念をあらわす和語はほとんど発展しなかったといってもよいでしょう。日本には本来、「愛」も「恋」も存在せず、「かなし」「いとし」「こひし」しかなかったというわけです。結果、明治になって西欧語の抽象語はおのずと漢字を使って翻訳せざるを得ませんでした。「文化」「科学」「理論」「時間」「意識」「進化」などなど、和語ではどうにも置き換えられないですね。

このように漢字とともに歩んできた日本語からは漢字を排除することはもはやできないことなのです。この自明の理からか漢字廃止論は漢字制限論に移行していきます。

●漢字制限論

漢字の問題が一番切実であったのは当然のことながら「教育」の場でした。

明治五年の学制の公布につづき、十二年の教育令公布（義務教育の制度化）、十九年の小学校令公布と矢継ぎ早に教育制度が整備されました。西欧諸国に肩を並べるために有為の人材を育成することが明治政府の喫緊の課題であったのです。そこで問題になったのが国語（日本語）の表記法についてでした。漢字もさりながら仮名遣い（いわゆる旧仮名遣い）についても国語をどう表記するかという点で大きな問題とされたのです（あわせて「国語国字問題」とよばれます）。仮名遣いの問題についてはここでは触れませんが、じつは漢字教育の難しさというときに——本来的には関係のないことなのですが——漢字の音をどう表記するかという部分が少なからず含まれていたということが推定されます。

漢字の音の旧仮名遣いでの表記法（これを「字音仮名遣い」といいます）は、たとえばコウショウと発音する「交渉」「考証」「高尚」「口承」を、カウセフ、カウシヨウ、カウシヤウ、コウシヨウと書き分けるもので、これは中国から漢字が伝わってきたときの中国音での使い分けを表したものなのですが、不器用な日本人の発音構造ではかなり早い時期にコウショウで一まとめにされてしまっています。この字音仮名遣いの問題が漢字をより難しく感じさせた一因になったのでしょうが、いまはこれ以上は踏み込みません。

こうした漢字の「難しさ」を、使う漢字の数を減らす、ということで解決しようというのが漢字制限論の考え方でした。

明治六年、当時の文部卿大木《おおき》喬任《たかとう》が大槻《おおつき》如電《じょでん》らに命じて「世間で最も普通の漢字」三一六七字を選定させたのをはじまりに、同年、福沢《ふくざわ》諭吉《ゆきち》が『第一文字之教』で漢字の数を「二千カ三千デ沢山ナル可シ」と提案、同二十年には「郵便報知新聞」の社主であった矢野《やの》龍渓《りゅうけい》が「漢字の字数を三千字に限り、この制限内に於いて、論説、雑報、一切の事を記載すべし」として新聞の附録として「三千字字引」を発表しています。もちろん現在の使用字種とは大きな異同はありますが、三千という数は「現代の国語を書き表す場合の漢字使用の目安」である常用漢字二一三六字と比較してなかなか「いい線」だといえます。

そして明治三十二年（一八九九）、帝国教育会に前島密を長とする「国字改良部」が設立され、翌三十三年、内閣および文部省等各省の大臣に「国字国語国文ノ改良ニ関スル請願書」を提出。こうした漢字制限論を背景として、明治三十三年八月、第三次小学校令が公布され、その施行規則第三号表が制定されました。小学校教育を対象としたものですが、これが政府（文部省）によって初めて決められた、使用する漢字の範囲を定めるという法令でした。

表に掲載された漢字は一二〇〇字、ただし備考として地名・人名、他の物名を書き表すためには表外漢字の使用は妨げないとしています。さらに、表掲載の漢字について通用の略字の使用も許していることが注目されます。

ここから漢字使用の制限、略字の使用（新字体の策定）というその後の流れが始まることとなりました。

●戦前の「常用漢字表」

大正十年（一九二一）、文部省内に臨時国語調査会が設けられました（会長森鷗外《もりおうがい》）。上田萬年《うえだかずとし》などの国語学者に加え、東京・大阪の新聞社幹部も含まれていることが目を引きます。漢字使用の情況調査を行い、大正十二年、「日常使用する漢字」一九六三字を掲載した「常用漢字表」を発表。昭和六年（一九三一）には、そこから削除と一部追加を行った「修正常用漢字表」（一八五三字）を発表。

以降、臨時国語調査会を拡大し、文部大臣の諮問機関とした国語審議会によって、昭和八年に「標準漢字表」（二五二八字）発表、昭和十七年に「修正標準漢字表」（二六六九字）が文部省案として公布されています。ただし、発表、案の公布とあるように、政府による強制的なものではありませんでした。この表に基づいて新聞社・印刷会社によって使用漢字の制限は進められていくのですが、関東大震災の混乱、そして日中戦争・太平洋戦争への突入によって徹底にはいたりませんでした。

ここで注目すべきは、これらの常用漢字表や標準漢字表には略字表・簡易字体表が添えられていることです。漢字の数を制限する一方で、大正八年の「漢字整理案」、十四年の「字体整理案」など文部省により漢字字体の検討も並行して進められていました。

方針としては、縦画横画の縮小延長、画数の減、部分の統一と併合、そして許容体（通用字体）の採用というもので、異同はあるものの、すでに戦後の当用漢字表の新字体の形が相当な数で出揃っているといえるのです。

●「当用漢字表」「当用漢字字体表」の内閣告示

昭和二十年八月、敗戦は日本の価値観を一変させました。戦前のものはすべて悪という空気の中、日本の国語政策も大きな転換を迎えることとなりました。アメリカの教育使節団の調査報告により、日本の民主化を阻害しているのは、漢字と（旧）仮名遣いによる国語教育の難しさにあるとして、連合軍総司令部は日本語の表記をローマ字化することを勧告しています。ローマ字化については、まず表音式の「現代かなづかい」で対応することとして、漢字については将来の廃止も視野に入れて、使用漢字の制限と新字体化を進めることに大きく舵を切ったのです。

じつはこれを最大の好機ととらえたのは国語審議会であったのかもしれません（当時の国語審議会の幹事長である保科孝一《ほしなこういち》は大正の国語調査会から主要メンバーを務め、一貫して漢字制限と仮名遣い改革を主張してきた人物でした）。国語審議会は早々に審議に着手、終戦の翌年十一月に「当用漢字表」「現代かなづかい」を答申、同月内閣告示。「当用漢字字体表」は少し遅れて二十四年四月内閣告示。昭和十七年の「修正標準漢字表」を下敷きにして、それ以前から作業は続けられていたこともあったので、それこそ一気呵成に漢字改革と仮名遣い改革が行われたといえます。当時の国語（漢字）政策が窺える「当用漢字表」の「まえがき」と「注意事項」を一部抜萃してみましょう。

「一、この表は、法令・公用文書・新聞・雑誌および一般社会で、使用する漢字の範囲を示したものである。

一、この表は、今日の国民生活の上で、漢字の制限があまり無理なく行われることをめや

すとしてえらんだものである。」（まえがき）
「この表の漢字で書きあらわせないことばは、別のことばにかえるか、または、かな書きにする。」（注意事項）
漢字をできるだけ使わないようにという意図が透けて見えるようです。そして冒頭で述べたように「当用漢字表の制定の趣旨を徹底させるためには、さらに漢字の字体を整理して、その標準を定めることが必要」として、新字体が発表されました。
ここにおいて、戦後から現在にいたる「新漢字」が誕生したのです。

当用漢字のその後

●「人名用漢字別表」と新字体

昭和二十一年の「当用漢字表」の内閣告示によって、法令・公用文書には当用漢字しか使えなくなりました。それは戸籍法にも及び、したがって出生届に使える漢字、つまり子供の名づけに当用漢字しか使えないという事態が生じました。さて、困ったことになりました。「当用漢字表」にはそれまで伝統的に名づけに使われていた漢字が含まれていなかったのです。たとえば、之、也、乃、彦、亮、哉、そして今では古臭いと思われるかもしれませんが、十二支の丑、寅、卯、辰、巳、酉、亥、また鶴、亀などです。

この問題についてはさすがに各方面から不満が出、昭和二十六年、戸籍法および戸籍法施行規則によって（したがって法務省管轄）、「人名用漢字別表」が定められて、当用漢字以外の九二字が発表されました。その後、昭和五十一年、五十六年、平成二年までに二〇〇字が追加され、平成十六年にも大追加が行われています。

平成二年までの人名用漢字についていえば、当用漢字と同じパターンでの新字化がなされているということが特徴です。たとえば、亘（亙）、尭（堯）、遥（遙）、聡（聰）という具合です。さらに「附則別表」というものも添えられ常用漢字のうち一九五字を「当分の間」旧字体も用いることができる、としています。

人名用漢字とその新字体については、その後さまざまな問題の火種になるのですが、それについては後で述べます。

●「常用漢字表」

昭和五十六年十月、「常用漢字表」が内閣告示されました。「当用漢字表」を引き継ぐかたちで、九五字を新たに追加、字種・字体・音訓も総合的に示した表となっており、これによって「当用漢字表」「当用漢字音訓表」「当用漢字字体表」は廃止されました。漢字字体についていえば、当用漢字字体表の字体は変更しない、追加漢字については当用漢字字体表に準じて略体の採用や点画の整理を行った（ものがある）としています。

「当用漢字表」告示から三十数年がたっており、国語・漢字をとりまく情況も変化したことが、「前書き」の文章からも窺えます。

「1　この表は、法令、公用文書、新聞、雑誌、放送など、一般の社会生活において、現代の国語を書き表す場合の漢字使用の目安を示すものである。

2　この表は、科学、技術、芸術その他の各種専門分野や個々人の表記にまで及ぼそうとするものではない。（3、4略）

5　この表の運用に当たっては、個々の事情に応じて適切な考慮を加える余地のあるものである。」

「当用漢字表」では、「使用する漢字の範囲」「漢字の制限があまり無理なく行われること」として、漢字の制限（いずれの廃止）の意図が強く出ていたものが、「漢字使用の目安」という表現に変わり、さらに「専門用語については、この表を基準として、整理することが望ましい」とまでいっていたものが、「専門分野や個々人の表記にまで」は及ばないとしており、国の政策としての、国語・漢字の表記への関与の意識は、ずいぶんと薄れたものになっています。

さらに追加九五字を見てみると、垣、傘、崎、汁、皿、棚、戻など、圧倒的に訓読みで使われることの多い漢字が多く見うけられ、さらに「付表」として宛字・熟字訓（田舎、時雨、相撲、名残など）が掲げられ（つまりOKということです）、「当用漢字表」がおそらく目指していた〈和語は仮名で書く〉という理念はすっかり後退してしまった感があります。

このあたりから国による国語・漢字政策は、潮目ともいうべきものを迎え、平成時代後半には大転換するともいえるのです。

さて、その転換を述べる前に、制度史ばかりで退屈でしょうから、実際の「新字体」と「旧字体」の話に立ち戻ってみましょう。

新字体と旧字体

●新字体――手書き文字と活字体

「当用漢字字体表」によって誕生した新字体は、述べたように、「字体の不統一や字画の複雑さ」（内閣訓示）を解消するために、点画の整理、部分の統一、略字体の採用というかたちで行われました。それでは、なぜそうしなければならないのか、旧字体が難しかったから――当たり前のことに思われるでしょうね。では、「難しい」とはどういうことか。読むのが難しいのか、書くのが難しいのか。読めるけれども書けない、うろ覚えだが書ける（でもどこか違う）、よくある経験ですね。当用漢字が目指したのは、「読んで、書ける」ことでした。もちろん最初に漢字を覚える小学生にとっては、この「読める」イコール「書ける」が重要であることは言うまでもないことでしょう。では少し、大人の場合を考えてみましょう。あくまでも手書きの筆写体ということで、こんな例はいかがでしょう。

さらさらと筆写体（極端にいえば草書体）で書かれた原稿があるとします。ここには多くのくずし字、略字、俗字（現在の新字体と同じ字も多い）も含まれています。これを出版社の編集者がチェックして印刷所に入稿します。仮名遣いの問題は措くとして、戦前の出版社・印刷所ならば、この原稿は旧字体で組み上がってきます。現在の出版社・印刷所ならば新字体で組み上がってくるのです（もちろん現場が草書体の原稿を読み解けるという前提ですが）。

さて、何が言いたいかというと、そもそも「書く」「読む」そして「活字にする」ということはイコールではないということなのです。漢字の字種の認識という難しい話になりますが、私たちが一つの漢字を「知っている」ということは、その漢字の形を頭で諒解しているということになりますが、それを書いてみれば十人十色の形になります。時には点画が違っているかもしれません。それでもその漢字は読めるのです。そして活字にすることができるのです。それは先に決まった形の活字があるからだ、活字によって私たちは漢字の字種を認識しているのではないか、もっともな意見です。では、活字のなかった明治以前はどうか、版本すらない筆写の時代はどうであったのか。堂々巡りになりそうですね。

この「読む」「書く」「活字」をできるかぎりイコールにしようということが、いわば、明治時代以来の漢字政策、そして実現した「当用漢字表」の目的だったといえるでしょう。だれもが同じ字形、いわば「活字のように書く」ことが求められたのです。

●「とめる、はねる、はらう」、書き順

「活字のように書く」話になりましたので、余談ながら小学校の現場で話題になる漢字の「形」「書き順」について触れておきましょう。漢字ドリルの学習などを保護者まで参加して熱心に行う学校もありますが、その時に採点者（保護者）のあいだで漢字の書き方（とめるか、はねるか、はらうか）をとって○か×かで混乱している話を聞きます。正解は、「どうでもいい」ということ。たとえば「木」の縦画は明朝体活字では「とめ」（『康熙字典』でもとめ）、しかし運筆を考えれば左はらいにつながるので「はね」が合理的でしょう（行・草書は「はね」）。右はらいは「はらう」が活字体、しかし木偏では「とめ」。毛筆か鉛筆かボールペンか

筆記具でも調子は変わるはずです。そもそも「当用漢字表」でも「常用漢字表」でも、筆写については、拘束しない、いろいろな書き方がある、とことわり書きがあります。小学校の漢字学習の見本が教科書体や明朝体ではなくゴシック体だったら問題は生じなかったのかもしれません……。

「書き順（筆順）」も問題になりますね。原則は、上から下、左から右、外から内。基本は右利きの人間が合理的に筆を運ぶ順番ということになりますが、こちらは「どうでもいい」と言い切れないのは文部省が「筆順指導の手びき」（昭和三十三年）という冊子を刊行しているからです。ただしそこでも「教育における漢字指導の能率」のためとして、さらに「これを誤りとするものでもなく、また否定しようとするものでもない」という文言を添えています。まあ、いちおう筆順は正しく守りましょうという立場です。一番合理的な筆順が「正しい」、しかしながら一つの漢字には一つの筆順しかないかというと、そんなことはないととりあえず言っておきましょうか。

●旧字体は難しいのか？

旧字体は難しいから新字体に作り変えた、これは本当でしょうか？　当用漢字表では「字画の複雑さ」を理由に新字体の採用を説明しています。複雑さとは難しさでしょうか。一種の象形文字ともいえる漢字に関しては、複雑さはイメージの喚起力の強さだといえなくもないでしょう。たとえば旧字体「龜」「龍」と新字体「亀」「竜」を見くらべたとき、どちらがイメージが強いか、特にこのように象形文字の場合はなおさら、もの自体の形を思い起こさせて強く印象に残ります。子供（の教育）のためには複雑さが障碍になるのでは、というのは思い違い。子供は字面を画像としてとらえます。イメージが強ければ複雑なほど覚えやすいともいえるのです。小学校に入る前の子供でも一度見ただけの複雑な字を（部分の取り違えなどはありますが）おもしろがって「お絵描き」するということも見かけます。

旧字体とは限りませんが、漢字は数が厖大だから「難しい」という意見もあります。たしかに一〇万字と聞くと気が遠くなりますね。しかし、日常使う漢字は常用漢字二一三六字を含めて三〇〇〇字あれば十分、五〇〇〇字知っていれば相当な漢字通と呼べます。たとえば現在の常用漢字の範囲（新字旧字、音訓については問わず）で夏目漱石の『明暗』をどれぐらいの範囲でカバーできるのかという実験があります。新聞連載の一回分（単行本約四頁）での調査ですが、九八％という結果が出ています（今野真二『常用漢字の歴史』）。

常用漢字以外の数万の字のうちの知らない一字に出会ったら、その時は字書で調べればすむことなのです。ただし、新字体ができてしまったために三五〇字ほどの旧字体については調べる手間が増えてしまったことになります。

●新字体のなくしたもの

さて、新字体の教育上の効果はどれぐらいあったのでしょうか。じつは、そうした調査が行われたのかどうか寡聞ながら耳にしたことがありません。

参考までに、新字体告示前の昭和二十三年八月、文部省教育研修所が行った「日本人の読み書き能力調査」を見てみますと、十五〜六十四歳の老若男女一万七〇〇〇人を対象にした調査で、漢字の読み書きができない者は二・一%にとどまり、連合軍総司令部の日本語ローマ字化案を撤回させたともいわれています（おそらく「当用漢字表」の漢字が使われたのでしょうが調査字数などは未確認です）。つまり新字体ができる前でもこれだけの漢字識字率があったというわけです。ちなみに漢字だけを用いる中国の識字率調査を見てみると、一九四九年の二〇%が二〇〇〇年には九二%に上がっています。調査方法に疑問はありますが、これは漢字の簡体字化が功を奏したのか、それ以上に教育の普及のほうが大きな要因だと思われるのです。

　ということで、新字体は必要だったのか、そのことは措くとしても、新字体誕生によって旧字体のもっていた「合理的」な部分がずいぶんと失われたことは事実だと思います。それをいくつか挙げてみましょう。

　イメージの喚起力の低下。これは先ほど述べたとおりですが、言い換えれば、漢字の字源を辿る道筋が失われてしまったということになるでしょう。

　たとえば、「栄（榮）」「塩（鹽）」「会（會）」「学（學）」「楽（樂）」「声（聲）」「点（點）」「悩（惱）」など、新字体になって旧字体のもっていた字源の象形の部分は失われてしまいました。「塩」は「鹵」の部分、「学」は「𦥯」の部分がないと、もともとの意味には辿り着けないのです。本来その字の意味を担保していた部分をなくしてしまったということです。

　次には、共通の部分をもちファミリーを形づくっていた漢字どうしの縁が断ち切られてしまった、ということがあります。

　たとえば、「專（専）」「傳（伝）」「轉（転）」「團（団）」は、同じアン・エン列の音と共通する「まるい（運動）」の意味を専の部分がになっていましたが、専・云・寸とばらばらの部分とされてしまい、漢字どうしの縁が切れてしまいました。縁が切れるというばかりではなく、一つの字を知っていれば共通する音や意味が類推できる、という合理性が捨てられてしまったのです。

さらに問題点としては、「藝―芸」「缺―欠」「臺―台」のようにもともと別の字であったものを新字体に採用してしまったために意味の混乱が生じる結果になりました。

●旧字体の問題点

新字体の失ったものを述べてみました。それでは、旧字体なら良いことづくめかというと、そうでもないのです。旧字体の問題は難しいこと、ではなく、最大の問題点は「確定された字体（字形）がない」ということなのです。

「常用漢字表」に掲載されているように漢字の形が決まったものと思う人には意外に感じられるかもしれませんが、漢字の一点一画までお上が法令をもって定めたのは日本の「当用漢字字体表」「常用漢字表」そして中国の簡体字（一九五六年「漢字簡化方案」）しかないのです。

筆写で伝えられてきた漢字の形がさまざまになるのは致し方ないことで、それゆえに中国でも古代から字形統一のために字書の編纂が行われてはきましたが、当然ながら強制力はもたず、さらにその字書自体に字形の不統一が見られます。

さて旧字体、つまり明治になって初めて作られた日本の活字は何を基にして作られたかというと、前に述べたように、中国清代の漢字字書『康熙字典』を典拠として作られました。当時のもっとも整備された権威ある字書であることから当然のことといえるでしょう。しかしながら『康熙字典』も万全ではありませんでした。共通する部分、点画などに異同があるのです。

そこで明治の活字製作所は『康熙字典』に準拠しながらも、それぞれの製作所ごとに独自のデザインを施してゆき、結果、製作所ごとの独自の「旧字体」活字を作り出していくことになりました。現在ではコンピューターの電子的なデータとして字形の統一が進められ、活字製作所による違いについては解消されていますが、『康熙字典』とは字形が異なるものがそのまま踏襲されているもの、『康熙字典』での異同がそのまま踏襲されているものなどもあり、旧字体を「康熙字典体」とよぶことも一方正しく、一方では間違いといえるでしょう。

『康熙字典』と現在の通用書体が違うものを少し挙げておくと、たとえば捜査の「査」は『康熙字典』では下を「旦」につくっていますが旧字体でも「査」です。恙《つつが》ないの「恙」は『康熙字典』は上を「羊」につくります。旧字体「専」「恵」の上部は本来「叀」でしょうが『康熙字典』では「恵」は「叀」の形、「専」はこのままの形、旧字体では統一されています。「主」「注」「柱」などはこの形が『康熙字典』の形ですが、旧字体では主の第一画は縦につくります。

2章でも触れますが「即」「既」「郷」「概」「響」「節」などの新字体では「艮」と省略される部分は『康熙字典』は「皀」「皂」とばらつきがあり、旧字体でもばらばらのまま採用しています。

このように字形が厳密には統一されないのが旧字体なのです。ただ、このような統一や整合性を気にするのは私たち近代人（というより日本人）の性格でしかないのかもしれません。その結論が、統一のとれた現在の新字体といえるのでしょうか。

漢字をめぐる混乱と迷走

●「当用漢字表」をめぐって

昭和二十一年の「当用漢字表」は漢字制限の性格の強いものでした。戦前の漢字制限案の検討に各新聞社が加わっていたのは印刷の合理化や省力化が意識された面が大きかったのでしょうが、さて「当用漢字表」が告示されてみると困惑したのは新聞や雑誌の現場でした。漢字熟語を使おうとしても、たとえば一字は当用漢字だが一字は表外漢字という場面に続々と逢着するのです。漢語を和語に書き換えようとしても、まわりくどいし字数が嵩んでしょうがありません。一字を仮名書きにする片びらきでは意味もとりにくいし、カッコ悪いし……。そこで考え出されたのが同音の漢字による書き換えでした。

「意嚮」を「意向」、「活潑」を「活発」、「刺戟」を「刺激」、「浸蝕」を「浸食」、「頽廃」を「退廃」、「編輯」を「編集」、「掠奪」を「略奪」、「彎曲」を「湾曲」と書き換えていったのです。昭和三十一年には国語審議会によって案としてまとめられ、新聞協会でも独自にルールをつくっています。現在ではそのかたちで定着してしまったものも多く、常用漢字に追加されて書き換えが必要なくなった熟語もあるのですが（「潰滅（壊滅）」「顚倒（転倒）」「毀損（棄損）」など）もう元には戻らないようです。ただし「落後（落伍）」「班点（斑点）」「盲想（妄想）」など、さすがに違和感があって定着しなかった書き換え熟語もあります。

そしてもう一つ、「当用漢字表」に含まれていない字を使いたいために目をつけられたのが

「人名用漢字」でした。本来は出生届の名づけ用のために認められた字を当用漢字扱いにしてしまうという一種の裏ワザでした。

人名用漢字は当用漢字と同じ方法で新字体化されましたので、新字「亀」「聡」「穣」「斉」などが早い時期から使われています。どうやらこれにお役所も目をつけたらしく、内閣告示などの複雑な手続きを踏まずとも戸籍法施行規則の変更ですむことを利用したのでしょう、たびたび字種の追加が行われ、本来なら名づけには向かない(現在の子供の名づけ親には蛙の面にでしょうが)、役所が使いたい字が潜り込ませてあるようです。平成二年追加の、捺印の「捺」、竣工の「竣」、淘汰の「汰」などちょっと勘繰りたくなります。

この「人名用漢字」を「常用漢字」の代替とするという方法は既定路線となり、平成十六年、四八八字という大追加が行われ、平成二十二年の常用漢字の改定の際には一二九字が横滑りのかたちで常用漢字に移行しています。

●組版・印刷システムの急激な変化と漢字の迷走のはじまり

常用漢字表が告示された昭和五十六年から常用漢字表改定の平成二十二年までの三十年間の組版など印刷の現場では、大げさに言えば天変地異といえるほどの急激な変化がありました。普通の人々でもパソコン、情報機器をめぐるこの三十年の大変化は実感しているでしょうが、印刷業界でも次から次へと新しいシステムが生まれたかと思うと消えていきました。筆者もちょうどこのさなかに編集の現場にいたので、この急激な流れにただ翻弄されていました。思い返すと「今浦島」の感を抱きます。

昭和五十六年というと、まだ鉛製の活字を手で拾って組み上げるという活版印刷が余命を保っていた最後の時代です（鑽孔《さんこう》テープというものもありました）。すでに光学式に文字を印画紙に焼き付ける写真植字の時代になっていましたが、見る見るうちに活版も手動写植もコンピューターを利用した電算写植に移行（簡単に言えば漢字の部品を組み合わせて一つの字を作る仕組みです）、そこから大型コンピューターを使い大量データを処理できることを謳ったCTS（Computer Tyepsetting System）に各印刷会社そして新聞社や出版社も飛びつくようにして突き進んでいきましたが、いつのまにか徒花というか幻のように消えていきました（後継システムもあるようですが）。平成に入るころに初期のDTP（Desk Top Publishing）システムが登場、十年たつか経たないうちにDTPシステムによる組版（さらには製版まで）は印刷業界を席捲し、そのまま印刷システムの主流として現在にいたっています。

少し専門的に説明しましたが、この組版システムが漢字に大きな影響をおよぼすことになったのでした。

●擬似新字体（拡張新字体）の氾濫

コンピューターを使って文字の組版を行おうとしたときにまず直面する問題は漢字一字のもつデータ量の大きさでした。一昔前まで役所の通知や公共料金請求書などの宛名や住所がカタカナや一部の漢字交じりの印字で来ていたのを覚えている人も多いでしょう。漢字はコンピューター組版の大きな障壁だったのです。新聞ならば常用漢字表の漢字や書き換えでどうにかできるとしても、こと出版となるとそうもいかないことは明らかなことでした。

電算写植での漢字部品の組み合わせもさることながら、当時のＣＴＳでの漢字の出力法は縦横の点（ドット）の組み合わせで字の形を表すものでした（昔の電光掲示板を思い出してください）。ドット数を上げればもちろん表現性は高まりますが当時のコンピューターのデータ処理能力では無理な話でした。そこで行われたのが常用漢字表に含まれない漢字の新字体化でした。印刷会社、そして自社組版システムをもつ新聞社などが、常用漢字の新字のパターンを使って、常用漢字表外の漢字にもそれを当てはめるという手法で新字体を作り出していったのです（ありものの漢字部品の組み合わせで作れるわけです）。「拡張新字体」の出現でした。「拡張」といったところで擬似新字体であることには違いありません。

じつはこの動きを後押ししたのが通商産業省でした。本来、常用漢字については文部省管轄、人名用漢字については法務省管轄ということになりますが、昭和五十三年、通産省は将来の印刷のコンピューター化を見越して、漢字の字体をＪＩＳ（日本工業規格）でコード化することに乗り出していたのです。文字を工業規格で定めるというおかしな話は着々と推し進められ、昭和五十八年のＪＩＳ改正で、大量の拡張新字体がコードをあたえられ、ＪＩＳのお墨付きを得て、印刷はもとより、その後のワードプロセッサ、パソコンにも搭載されるようになったのです。通産省が漢字の字体を「管理」するということが既成の事実として成立してしまいました。

拡張新字体の例をいくつか挙げてみましょう。

「蝉（蟬）」「掴（摑）」「涜（瀆）」「溌（潑）」「頬（頰）」「嘘（噓）」「卿（卿）」「溢（溢）」「溺（溺）」など、見覚えがあることでしょう。このように印刷できてしまうということなのです。筆者は最初、新聞で「冒涜」の語を見たとき、一瞬なんと書いてあるのかわかりませんでした。

さらにご丁寧なことに、平成十二年、国語審議会が拡張新字体のうちの二二字について「簡易慣用字体」という名称を付けて一定の許容を示してしまったのは何をか言わんやの感があります（次の二二字）。

唖（啞）頴（穎）鴎（鷗）撹（攪）麹（麴）鹸（鹼）噛（嚙）繍（繡）蒋（蔣）
醤（醬）曽（曾）掻（搔）痩（瘦）祷（禱）屏（屛）并（幷）桝（枡）麺（麵）沪（濾）
芦（蘆）蝋（蠟）弯（彎）

ただし揺り戻しの動きとでもいうのでしょう、平成十六年、まずこのうちの「鷗」「繡」「蔣」「醬」「禱」の字を旧字体のまま人名用漢字に収録、平成二十二年の常用漢字表の改定では、「曽」「痩」「麺」の字を新字体として常用漢字に入れました。この簡易慣用字体については元の形（旧字体）に「印刷標準字体」の名称があたえられています。

●平成十六年の人名用漢字の大幅追加

平成十六年の人名用漢字四八八字追加について記憶にある人もいるでしょう。おそらく文字数のことよりも、一般からの意見募集を行った結果、「糞」「屍」「呪」「癌」「姦」「淫」「怨」「痔」などおよそ名づけには使わない文字が含まれていて、それへの反対意見でずいぶんと新聞紙上を賑わせたことで覚えておられるかもしれません。そもそも「人名用漢字」として一般からの意見募集を行ったのは間違いでした。結果、七九字を削除することになりましたが、最終的な四八八字を見ても、とても「人名用」の漢字とは思えません。担当した法制審議会も「人名にふさわしいかどうか」より「使用頻度」「平易さ」を基準に選んだと明言しているように、この人名用漢字はもともと常用漢字以外の漢字を使用するための措置としか考えられないのです。

この追加を筆者は、法務省の、ＪＩＳ管轄の通商産業省、そして文部科学省への痛烈な異議申し立てのように受け止めました。追加四八八字には簡易慣用字体の五字を含む、ＪＩＳコードを与えられたいわゆる拡張新字体一〇〇字以上が、元の形（旧字体）に戻されて収録されていたからです。さらに驚かされたのは、人名用漢字は常用漢字にならって新字化する、という原則が、約二字を除いて実行されなかったことでした。追加漢字はほとんどすべてが旧漢字（「康煕字典体」）のままで収録されました（二字は「讃」「芦」、ただし拡張新字体「芦」を簡易慣用字体に修正。芦屋市や芦ノ湖への配慮か？）。

さまざまな憶測が取り沙汰されるなか、ついに平成二十二年十一月、「常用漢字表」の改定が行われました。

●平成二十二年の「常用漢字表」改定の驚き

平成二十二年十一月、（改定）「常用漢字表」内閣告示、昭和五十六年の「常用漢字表」に一九六字追加、五字を削除して、二一三六字が発表されました。

ある程度予想はしていたものの、出版・印刷会社、新聞社、さらに教育関係者などを大いに驚かせました。追加一九六字に関して、当用漢字表・常用漢字表（前）で貫かれてきた大原則、収録漢字の「新字体化」がほとんどなされなかったからです。常用漢字の諮問にあたった文部科学省文化審議会国語分科会（国語審議会は平成十二年廃止）は次のような答申案を示しています（平成二十二年五月二十日付「朝日新聞」記事より抜萃）。

「現行の常用漢字表は、近年の情報機器の広範な普及を想定せずに作成されたので、それに代わる漢字表を作成した。コミュニケーションの手段としての漢字使用という観点が重要である。」

　急激な情報機器の進歩にどうにか対応しようという立場です。漢字は「読む」、そして「打つ」（情報機器に入力する）ものだという観点が窺えます。それを裏付けるように「漢字表のすべての漢字を手書きできる必要はない」と述べています。その一方で、

「今後、情報機器がさらに日常化・一般化しても漢字の手書きは重要で、漢字の習得と運用能力の形成のためには不可欠だ。手書き自体が大切な文化といえる。」

と、付け加えることは忘れていません。

　追加字種の字体については、「表外漢字表の印刷標準字体（曽、痩、麺は簡易慣用字体）と、人名用漢字字体を通用字体として掲げた。」「使用頻度が最も高い字体を採用」としています。その結果、新字体としては簡易慣用字体の「曽」「痩」「麺」（曽、痩については平成十六年の人名用漢字表では旧字体「曾」「瘦」に戻されていました）、人名用漢字表で新字化されていた字「亀」「艶」「采」「弥」などのいくつかにとどまり、他はすべて「旧字体」のままでの収録ということになりました。

　たとえば、「剝」「彙」の彑《いのこがしら》の部分は通常新字体ではヨの形に略されますがそのまま、「賭」「箸」「嗅」は点つきのまま、「淫」の爫部分もそのまま、「嘲」のふなづき部分もそのまま、「餌」の食偏は「飠」、「遡」「遜」「謎」は二点辶《しんにょう》のままです。

　したがって「常用漢字表」の中で、これまでの当用漢字・常用漢字の新字体、新たに追加された新字体、表内漢字だが旧字体のまま、という三系統ができる結果となりました（新字体はまとめてしまってもよいでしょうが）。さらに人名用漢字表にも同一の字種で新字体と旧字体

があるという複雑な状態にいたっています（人名用漢字表の附則別表で「当分の間」使える、としていた常用漢字の旧字体についても、平成十六年の改正で人名用漢字表本表に合流されています。38頁参照）。

漢字のこれから

新字体と旧字体という観点で漢字について眺めてきました。

かつて活版印刷や写植で、新字体で組むか旧字体で組むか、この旧字体は点画が『康熙字典』とは違うので作字で直すかなどと悩んでいた筆者の時代はなんとも素朴なものでした。

印刷・組版の技術の進歩（情報技術の進歩といってもいいでしょう）は驚愕するほどで、漢字がコンピューター処理の障碍となっていたことなど今になってみれば嘘のようです。漢字制限案、新字体の採用なども機械化・合理化のための側面が大きかったのですが、コンピューターの情報処理能力はあっというまに想定を追い越してしまいました。文字をドット（点）の組み合わせで表現していたものは関数曲線のデータで表され（それすら一昔前です）、前著（平成十七年）で旧字体の出力に苦労した記憶もありますが、現在では『康熙字典』約五万字の親字もほぼ文字データ化されているのです。

常用漢字表の「たが」も外れてしまったといえます。漢字制限、旧字体・新字体の閾《いき》も稀薄なものとなり、漢字が世の中に溢れ出て、考えようによっては漢字について「なんでもあり」という時代を迎えたともいえましょう。

たとえば、近年、書かれた（情報機器で入力された、です）文章に漢字がずいぶん増えているように感じます。難しい漢語もさることながら、かつては仮名書きが普通だった和語にも漢字が宛てられているのではないでしょうか。特に戦後ようやく浸透した、副詞、接続詞の仮名書きが漢字に戻ってみたり、動詞・形容詞の無用なまでの漢字での使い分けなど気になるところです。書き手の意図はともかくとしても、手書きでは意識されていた感覚が薄れ、そもそもその漢字を知らないのに、入力・変換したら漢字が出てきてしまったから、そんな場面に遭遇することがあります。

明治時代の初めから百五十年間、その是非は措くとしても、漢字制限と字体の統一のため営々と行われてきた先人の苦労はなんであったのか、と感慨さえ抱かせるのです。どんな漢字でも使える、これは素晴らしいこととは思いますが、一方で、無制限の自由を手に入れた困惑、そんな言葉も思い浮かべてしまいます。

この概説の冒頭において一笑に付した「漢字廃止論」も、これだけ漢字が世に溢れてみると、あながち的外れとは言えない気持になってきました。国語学者の野村雅昭が昔から提唱しているように、日本語から漢字をなくした正書法の確立、漢字ばかりではなく漢語もなくした――つまり和語による抽象概念の言語化を含む、未来の日本語の確立ということも夢想されてくるのです。

「旧漢字」を取り上げた本書としては、おかしな結論になってしまいましたね。さて、気を取り直して、漢字の原点に立ち返るために、2章［旧字源］の記述に入ってゆきましょう。

2章

「旧字源」旧字体から字源を探る

＊掲載した旧字体は特に新字体と字形が変わったものを中心に選択してあります。共通の部分が新字体化された複数の字（隠と穏など）については、いずれか字源の解釈が優先される字を代表させ、他の字については解説内で取り上げてあります。辶しんにょう、月部、食部などの部首のみが変更されたものについては取り上げていません。

＊漢字の配列は、音の五十音順、部首の配列順、新字体での画数順になっています。ただし、字源の解釈や頁割の都合上、順番が前後しているものもあります。

＊漢字の音訓は常用漢字表に従いますが、代表的な音を示し、複数音がある場合、それが呉音漢音の区別であれば特記しました。訓については代表的なものを掲げ、送り仮名も含めてあります。

壓 圧

音アツ

●重くてつぶされそう

「厭世《えんせい》」「厭離穢土《おんりえど》」の「厭（いとう、いや）」が入っているので、いかにも圧迫感のある字ですが、じつはそのとおり。もともと「厭」だけで「おおう、おしつぶす」の意味があります。

［字のつくりと意味］　厂は岩石、猒《エン》はおおうの意味で、岩でおおいつぶす。一説には崖の下に犬の骨つき肉を置いて土地のお祓いをする意味（白川静氏）ともいいます。それに土を加えて、（土・土地を）おさえつけるの意味となります。また、土そのものでおしつぶす、という字面のイメージとは上下逆の解釈もあります。「圧力」は、おす力、したがって「血圧」は血の圧力、「気圧」は大気の圧力。また「抑圧」は抑えておさえる、「鎮圧」は鎮めておさえること。

いちばんすぐれた部分・物をあらわす「圧巻」とは、昔の中国の官吏登用試験「科挙」でいちばんすぐれた答案をほかの答案のうえにのせた（圧）ためにできた言葉。答案は巻物だったからです。

［新字体について］　圧は、壓から猒をすぽんと抜いてしまった形。もともとあった省略形ですが、猒を書きこむ面倒くささがわかりますね。压という一点を加えた俗字もありますが、土の圡と同様、どうして点がついているのかはよくわかりません。

圍 囲

音イ
訓かこむ

●とりかこんで、攻める

「韋」のふくまれている字に、偉・違・衛・葦などがありますが、旧字体「圍」も同様に、なにが共通する意味なのかどうもよくわかりませんね。

[字のつくりと意味]　韋イは、まんなかの口がかこまれた場所・邑《むら》をあらわし、上下にあるのは止で足あとのかたちです。これで村を歩きまわって警戒するという意味。違は、辶しんにょうを加えて「めぐる」、上下の足の方向が違うので「ちがう」。衛の両側の「行」は十字路をあらわすかたちで各所を巡回して警戒するので「まもる」。また、韋はまわりをめぐらしてしばるということから「なめしがわ」の意味をもつようになり、韛《ふいご》など皮革製品をあらわす漢字の部分にもなっています。

さて、圍ですが、外側の囗だけですでにかこまれた場所をあらわしているわけですが、そのなかに、まもる、警戒する意味の韋が入っています。城壁をめぐらした鉄壁の衛り、という意味になりそうですし、実際に「囲守《いしゅ》」という熟語もあります。一方で、攻める側からすると「かこいこんで攻める」意味になります。このように漢字は、たとえば「攻める側」「守る側」というように両方の立場から両様に解釈される字もありますので覚えておいてください。

[新字体について]　韋を同音の井で置き換えた省略形です。俗字で使われていた形を採用。ただし井のイ（ヰ）は和語で漢字音ではありませんが。

醫 音イ 医

●病気が治りそう

昭和の面影の残る街を散策していると「○○眼科醫院」などと門柱に古い表札が掲げられているのを見かけることがあります。少々いかめしい感じですがなんだかありがたみがあります。

［字のつくりと意味］ 音符殹《エイ》は、「エイッ」というまじないの声の擬声語。昔は病気を治すには呪術に頼っていたことがわかりますね。また、殹は翳で、かばうの意味ともいいます。少し進歩して治療に薬草酒が用いられるようになって酉（酒）が加えられて「醫」の字ができあがりました。おもしろいのは同字として「毉」の字も残っていることで、こちらの医術はまだ「巫女」に頼っています。意味は「病気を治す」、そして「くすし」「みこ」となります。

新字体は漢和字典では「匚《かくしがまえ》」の部首に入れられていますが、字典によっては旧字体の「酉《さけのとり》」の部首に送っているものもあります。

［新字体について］ 醫の左上だけを抜き出した大胆な省略形。略字として以前から使われていたともいいます。ところが、醫のもっとも古い字形は「医」なのです。殷周時代の甲骨文・金文（179頁参照）にまで遡ります。医は、かくれた秘密の場所（匚）に呪器である矢を置いて、その呪能によって邪気を祓うことを意味するかたちだったのです（白川静氏）。新字体は、はからずも三千年以上も前の字形にもどったといえましょう。

爲

為 音イ

僞

●象を飼いならす

［字のつくりと意味］　甲骨文では、爫（爪）＋象のかたち。古代中国、殷の時代には長江以南に多くの象が棲息していて大がかりな土木工事などで使役されていたといわれます。爪は手をあらわし、象の鼻先に手をあてて使役するさまです。旧字体はよくそのかたちをあらわしていますね。象を飼いならすことから、人為的につくる、なる（なす）、ため、など多くの意味がうまれています。

［新字体について］　手書きで使われた省略形。「偽（僞）」もつくり部分を同じに省略した新字体です。同じ「爫」をのせた受、愛などは新旧字体は変わりません。

隱

隠 音イン 訓かくす

穩

●神をかくす

［字のつくりと意味］　右側の複雑な「㥯」は、爪＋工＋ヨ＋心。工は呪具で、上下に手をそえて神をかくす様子をあらわすといわれます。阝（阜）は丘、また神が天にのぼる階段をあらわします（白川静氏）。もともとの「神を」かくすことから、「人に知られずに行う」「かくれる」意味になりました。「穏（穩）」は神をかくすときの心情「おだやか」、禾を加えて農作業の穏やかさを祈るのです。

［新字体について］　新字体は呪具である工が省略されてしまったので「かくす」ものがなくなってしまいました。「穏」も同様の省略形。「急」は関係ありません。

榮

栄

音エイ　**訓**さかえる・はえる

營螢勞

●篝火のもえさかるさま

新字体では栄も学も同じように上部を⺍と省略されていますが、栄の上部は𤇾。営（營）、蛍（螢）、労（勞）なども同じグループです。

［字のつくりと意味］　𤇾のもとのかたちは熒、先に火のついたたいまつを組みあわせたさま、ほんとうに見たとおりのかたちです。それが地面にすえてあるから篝《かがり》火《び》。それで「さかんにかがやくさま」、「さかえる」になりました。では木は、というと、𤇾が花びらが円くつくさまで植物の「桐」をあらわすという説もありますがはっきりしません。

さて𤇾のつくほかの字は、「螢」はいわずもがなですね。「營」は呂（兵舎や宮殿）を篝火をたいて守る意味で、その陣屋（陣営、兵営）、その仕事「いとなみ」の意味。「勞」は篝火をたいて力をつかう、またそのようにはげむことで、はたらく（労働）、つかれる（疲労）それをねぎらう（慰労）意味になりました。

ちなみに「栄養」は本来、食物などで親に孝養をつくすこと、生物が養分をとり体を維持することは「営養」。現在は「栄養」でひとまとめにされています。

［新字体について］　𤇾を⺍と省略した形。ただし⺍は學（学）や覺（覚）の𦥯の部分の省略形にも使われています（鶯《うぐいす》と鷽《うそ》は別の鳥なので新字にはできませんね）。単独でツとなると、単（單）や厳（嚴）の吅、誉（譽）の與の上の部分、巣（巢）の巛の部分、桜（櫻）の賏の部分にも使われますので要注意です。

圓 円

音 エン
訓 まるい

●旧紙幣・寺名・落語家

［字のつくりと意味］　員インは口のまるい青銅器の鼎《かなえ》をあらわし、これだけで「まるい」の意味でしたが、員が別の意味に使われるようになったので外側を〇（囗）でかこんで「まるい」の字になりました。戦前の旧紙幣はもちろん「壹圓」「拾圓」、寺の名、寄席の看板で落語家の名「圓生」「圓樂」と旧字に出会えます。

［新字体について］　この大胆な省略形はどうでしょう。中国の簡体字でさえ「圆」というひかえめな省略なのですが。考えるに商売で毎日帳簿に書き記さなければならないところからうまれた略字なのでしょう。

緣 縁

音 エン
訓 ふち

●「えにし」は漢字の音

［字のつくりと意味］　彖タンは、めぐらす。糸をつけて衣服のふちかざりで「ふち」の意味。めぐらす、まわりの意味から「ゆかり、つながり」（縁故・血縁）をあらわすようになりました。ちなみに「えにし」は漢字音エン→エニ＋強意の「し」でできあがった言葉。

［新字体について］　彖の上部「彑いのこがしら」を「ヨ」に置き換えた形。同様の省略に、緑（綠）の彔の部分があります。篆刻《てんこく》の「篆」、語彙の「彙」、剝落《はくらく》の「剝」の彑の部分はその形のままです。

鹽 塩

音 エン
訓 しお

●むずかしい「鹽竈神社」

宮城県の塩竈市（略称で塩釜市）、JRの駅と港は塩釜、そして地名の由来となったのが陸奥国一之宮「鹽竈《しおがま》神社」。たいへんな画数で厳かな感じですね。

[字のつくりと意味]　右上にはまりこんでいる鹵ロの字だけで「しお（岩塩）」をあらわします。そもそもは岩塩をふくろにいれたかたちの象形文字。「※」を米じるしとよびならわしますが、じつは塩じるしだったわけです。新字体「歯」と間違えないでください。

鹵を使った字でおなじみなのは石鹸の「鹸」、もともとは塩のアクの洗剤です。鹹湖《かんこ》の「鹹しおからい」もありますね。余談ながら鹵には大きな盾の意味もあり、なかなか見なくなりましたが「鹵簿《ろぼ》」（天子の行列）という言葉もありました。

さて、鹽の字から鹵をぬきだしてみるとのこるのは「監」です。これはエンの音をにない意味もあらわす音符とよばれる部分で、意味は「きびしい」、舌に刺激をあたえる、農耕に適さない塩土をあらわすといわれます。一説には中国・山東省の「鹽池《こち》」というところで塩がとれたことから監ではなく鹽の字なのかもしれないということです（白川静氏）。

[新字体について]　中国でも古くから使われてきた省略形を採用。中国、晋の時代（三〜五世紀）の王羲之《おうぎし》も「塩」の字形の書をのこしています。ただし肝腎の鹵の部分はなくなってしまいました。

應

応　音オウ　訓こたえる

●「慶應義塾」の応

［字のつくりと意味］　雁オウは鷹、人の膺《むね》にタカ（隹）をひきよせているさまをあらわし「鷹狩」の意味。鷹狩は神意を問う占いという性格もあったので、心をそえて、神が「こたえる」意味になりました。また、膺に鷹をひきよせることから「あたる」（応用、応急）の意味もうまれました。ちなみに「こたえる」は、応は働きかけへの反応、答は質問などへの返事、解答。応答は「うけこたえ」。

［新字体について］　面倒くさい気持はわかりますが广と心だけになってしまい、人と隹（鷹）との関係はどこかへいってしまいました。

櫻

桜　音オウ　訓さくら

●二階（貝）の女が気（木）にかかる

［字のつくりと意味］　賏はくびかざり、女を加えて嬰エイ、首飾りをつけた女、そしてその女の産んだ嬰児（みどりご）。櫻は、もともと中国ではユスラウメを意味する字。サクラに似た花を咲かせサクランボに似た実をつけます。賏はその実をあらわす部分。漢字を輸入した日本と中国では本来の意味の違う場合も多いのです。ちなみにユスラウメは中国原産、日本には江戸時代に渡来しました。

［新字体について］　賏をツと省略した形。49頁でもふれたとおりです。ことさら旧字を使おうとして櫻を「樓（楼）」と間違えているのを時おり見かけます。

假 仮

漢音カ
呉音ケ
訓かり

●玉製の仮面？

仮面をつけるので「かりの姿」なのか、それともその逆か、どちらが先か判然とはしませんが、新字体では字源もわからなくなってしまった字です。

[字のつくりと意味]　叚カは、岩からきりだした未加工の玉の原石、そこからまだ玉にみがきあげていない「あらだま」、したがって「かり」の意味をもちます。「叚」一字でも「かり」ですが、そこに人を加えて意味を限定しました。一説には人を加えて玉製の人面「仮面」、そこから「仮の姿」をあらわすようになったともいいます（白川静氏）。叚を音をになう音符として、暇、瑕《きず》、霞、葭《あし》（いずれも音はカ）などの字がうまれています。

呉音ケは「仮法《けほう》」「虚仮《こけ》」「仮病《けびょう》」など仏教語や和製漢語に残っています。

[新字体について]　叚を「反」に似た形にくずした筆写体がそのまま略字として採用されました。しかしながら、叚のもっていた「かり」の意味もカの音も失われ、暇、瑕、霞、葭などの叚の部分をもつグループとも切り離されてしまいました（いずれの字も「かり」の意味を共有しています）。

もともと反を部分にもつグループは、坂、返、版、販、飯など、共通のハン系統の音、「かえす」の意味（のしかかる岩〈厂〉を手〈又〉でかえす）をもっていますが、「仮」はまったく縁はありません。

價 価

音 カ
訓 あたい

●貝がなくなり価値がさがった？

［**字のつくりと意味**］　賈カは襾で貝をおおうかたち。貝は子安貝の象形。貝が大昔貨幣のかわりに使われていたことはごぞんじでしょう。貝（貨幣、財産）をおおい、しまっておき売ることから「あきない（商売）」の意味です。また、商人の意味で「商賈《しょうこ》」の言葉もあります。ちなみに商は行商人、賈は店を構えた商人のこと。人を加えて商うときの物の「あたい」をあらわすようになりました。

［**新字体について**］　貝をすっかりとってしまった省略形。貝部の字は金銭、財貨、それにかかわる行為をあらわしますが、「価」では値打ちもなくなりますね。

畫 画

慣用音 ガ
漢音 カク

●区画を線を引いてしきる

［**字のつくりと意味**］　聿はふで（筆）、凵＋田で耕地のしきり、図上に筆で線を引いて耕地のしきりをえがく意味。または田はもとは周の形で盾のことで、そこに模様を「えがく」意味ともいいます（白川静氏）。区画、くぎりの意味のときはカク、絵、えがくの意味のときにはガの音を使います。

［**新字体について**］　古くから使われていた省略形。区画の意味では「劃」が由緒正しいのですが現在では「区劃」「劃期的」は「区画」「画期的」と書き換えられています。畫と、昼の旧字体「晝」を間違えないように。

會 会

漢音カイ
呉音エ
訓あう

繪

●曾はふた、曾はゆげ

「會」と「曾」はたいへんよく似ていて旧字會を書こうとして曾と間違えているのをよく見かけます。もともと兄弟のような字なのでしょうがないでしょう。字源は近いのですが意味はずいぶんちがってしまいました。

［字のつくりと意味］　⿱罒日は「こしき（甑）」、鍋に蒸籠《せいろう》をのせた形の穀類や食べ物を蒸し上げる調理器具です。亼はふたをあらわしていて、これでこしきにぴったりふたがあわさるかたちで「あう」の意味になりました。ちなみに曾（新字体は曽）はこしきから湯気（八）のあがるかたち、もともと「あがる」「かさなる」の意味でしたが、借りて「かつて」「すなわち」と使われます（仮借《かしゃ》、182頁参照）。

會は、ほどよくあわせる、よせあつめるの意味をもち、音符となって「繪（絵）」、「膾なます」、「獪ずるがしこい」などの字をつくります。繪はたくさんの色（糸）をあつめて模様をつくることで「え、えがく」の意味になりました。會の音でわかるように「え」は訓ではなく音エです。

會の呉音エは「会釈《えしゃく》」「会者定離《えしゃじょうり》」「会式《えしき》」などの仏教語にのこされています。

「会」を人とあう、人があつまる、「合」をものがあわさる、合致、というような使い分けがいわれますが字源的にはあまりかわりはないようです。

［新字体について］　草書体のくずし字「会」を採用。ただし字源的には、𠆢＋云ではなく、亼＋云でしょう。草書体では亼＋云の形も見かけます。

壊

壞　懷

漢音カイ
呉音エ
訓こわす・こわれる

●衣に涙するかたち？

［**字のつくりと意味**］　ふつうの漢和字典ではただ、褱カイを「こわす」と説明しているだけですが、ここでは白川静氏の説を紹介します。

褱は、眔トウを、衣ではさんだかたち。眔は目から涙が垂れているかたちで、死者の衣のえりに涙をそそいで懐《おも》（懷）う死別の儀礼といいます。また、古く、土に眔を加えた字形もあり、社に涙をそそぐ儀礼、また褱に攴（ボク、打つの意）を加えた字形もあり、社を破壊しその地を去る儀礼があったのではないか、したがって、「壊」が「こわす」意味となったのではないか、というものです。たしかにこれで、壊と懐のつながりは見えてきますね。

呉音エは「金剛不壊《ふえ》」「壊死《えし》」などに使われています。

さて壊ですが、平成二十二年の追加まで「潰」が常用漢字にふくまれていなかったため、その書き換え字として使われました。「潰滅→壊滅」「決潰→決壊」「潰乱→壊乱」などです。潰（つぶす、ついえる）とは微妙に意味合いが異なります。さすがに「胃潰瘍」は「胃壊瘍」にはなりませんでしたが。したがって旧漢字を使ってものを書こうとするときに「壞亂」（潰亂）とやるとへんなことになりますので要注意です。

［**新字体について**］　罒をなくして下を衣にかえました。ただし上部には衣の亠の部分がのこっています。旧字体では十ではなく亠ですので注意してください。「懐」も同じ形の省略形です。

學
学

音ガク
訓まなぶ

覺

●「大學名」など。「覺」は兄弟の字

大学の名前や学章などで多く見かけます。上部の複雑な「𦥯」の部分が「学校」の意味をもっています。そこに子が入れば學、そこで得られる知見が覺の字となります。

[字のつくりと意味]　𦥯は、臼《キョク》（臼ではない）＋爻《コウ》＋冂。臼は両手で引き上げる、ささえる様子。また上から両手を加えるかたちで霊の加護を受ける意味という説もあります。爻はまじわる意味。冂は建物のかたち。これで教える人が学ぶ人と交わる場所、学校の意味をもちます。また、臼＋冂＋𡥈（教〈教〉の左側です）で、「おしえる」「まなぶ」ことをあらわすようになりました。意味としては、「学ぶ」「教える」、「学校」、「学ぶ人」、学問の分野（〇〇学）や学派・学統（朱子学など）など。

また覺（覚）は、同じく𦥯という学び舎で得られる知見、学ぶことで得られる知見をあらわし、「さとる」「めざめる」、そして「おぼえる」の意味をもちます。

余談ながら日本語の「まなぶ」は「まねぶ（まねる）」と同じ言葉。人（師）のすることにならって、まねること。さらに見聞したことをそのまま語り伝えること（まねぶ）。ここから「学び」ははじまるということでしょう。

[新字体について]　臼＋爻の部分をツと省略。昔から手書きではこの形に省略されていましたが、ほかのツをもつ字との区別がつかなくなりました（49頁）。

嶽 岳

音ガク
訓たけ

●木曽は御嶽、奥多摩は御岳

各地の山名で「嶽」「岳」は混用されています。木曽は御嶽《おんたけ》山、奥多摩は御岳《みたけ》山の表記が通用。青森の嶽《だけ》温泉、福島の岳《だけ》温泉というのもありますね。嶽と岳、単純に旧字と新字という関係でもないようです。

[字のつくりと意味]　「岳」は、もともとこちらが古い形とされ、丘は△△の象形で、おかがならぶ様子。そこに山を加えて、けわしい山をあらわします。古い甲骨文では△△の部分が「羊」のかたちにも見えるため、山に羊をのせたかたちで、中国西部の牧畜民羌《きょう》族（羊を飼うので羌）の聖山である嵩山《すうざん》をあらわす「岳」であるという説もあります（白川静氏）。

「嶽」については、後漢時代の字書『説文解字』（181頁参照）にこの形で掲載されており、すでに岳＝嶽という認識がされていたようです。

嶽は、山に、獄ゴクを加えた形。獄は音と「人をおさえつける牢屋」の意味をにない、人をおさえつけるようなけわしい山をあらわします。

[新字体について]　嶽の新字として岳が常用漢字に採用されましたが、説明したように、それぞれ使い分ける場合もあります。中国の人名・地名でも南宋の武将は「岳飛《がくひ》」、杜甫の詩で有名なのは「岳陽楼」です。妻の父をあらわす「岳父」もふつう岳の字を使います。「山嶽（岳）」「富嶽（岳）」など一般的な名詞ならよいのですが、地名・山名の旧字体表記には注意が必要です。

樂

楽

藥

音ガク・ラク
訓たのしむ

●「すず」か、弦楽器か

この字も古看板や古ラベルで見かける頻度が高いかもしれません。「〇〇樂器」、さらには、くさかんむりのついた形で藥（薬）、「〇〇藥舗」など。

［字のつくりと意味］　「樂」そのままが手鈴の象形といいます。白がすずのかたち、両側の幺が糸飾り、木の部分が握り手のかたちで、柄つきの手鈴。神社の巫女舞でもよく使われています。また、木に糸を張った意味をあらわし「弦楽器」であるとも。もうひとつ、これはどちらが先ともいえませんが、もともとクヌギ（櫟）の意味で、そのどんぐりのなっているさまが鈴に似ていることから楽器の意味になったという字源説もあります。

いずれにせよ、音楽、楽器の意味、ひいては「樂」を聞いて「たのしむ」意味になりました。音楽の意味のときにはガクの音、たのしむ意味のときにはラクの音を用います。「楽人」はガクジンなら楽師、ラクジンは気楽な人、ひま人のことです。

藥（薬）は、病を「おさめる（樂）」薬草。

［新字体について］　昔から使われていた手書きの省略体です。薬も同様の省略。「櫟」、「礫つぶて」、轢死《れきし》の「轢」、老いてなお矍鑠《かくしゃく》の「鑠」など、いずれも常用漢字にはふくまれていませんので、つくりは「樂」のままです。樂が共通する音レキ、シャクをになっている字です。

喝

喝 音カツ

渇 掲 褐 謁

●さまざまな字に使われる「曷」

渇（渴）、掲（揭）、褐（褐）、謁（謁）、葛、「間歇泉《かんけつせん》」の歇、「羯鼓《かつこ》」の羯など、さまざまな字に使われている「曷」ですが、なかなか意味深長です。

［字のつくりと意味］　曷《カツ》は、曰《エツ》（日ではない。「子曰く」の曰く）と匃《カイ》の組みあわせ。匃は死者の骨のかたちで、それに曰（祝詞）をあげる意味。ただし死者を悼んで祝詞をあげるのではなく、死者の骨を使って呪いをかけるまじないの意味だといいます。ここからきびしく訴えることをあらわし、また借りて、漢文でもよく使われる「なんぞ、いずくんぞ」という助字になります。

曷に口を加えると、はげしい呪いの声、しかる、おどす意味。「喝を入れる」「喝破」「恐喝」。喝をした結果、のどがかわいて渇、「涸渇」「渇水」「渇望」。身分の高い人に願い事のためにあう「謁見」。いのりの文字をかかげる掲、「掲示」「掲載」。高くながく声をあげすぎて、歇《やすむ》、竭《つきる》、となります。高くはいのぼる蔓草は「葛」。日本語の「かづら、くず」は漢字音カツに由来するのかもしれません。

［新字体について］　匃の部分を匂に置き換えた省略形。死者の骨が「匂《におい》」にかわり、まがまがしさが消えました。喝、渇、掲、褐、謁は、常用漢字の新字体。葛は人名用漢字の新字体「葛」の形で地名や人名に多く見うけられましたが平成二十二年、常用漢字に移行、旧字体のままで使われるようになりました。

罐　缶

音カン

●汽罐車、汽缶車、機関車

[字のつくりと意味]　雚《カン》は「鸛《こうのとり》」の象形。缶《フ》は「ほとぎ」、腹のふくらんだ酒を入れる素焼きの器をさす字です。こうのとりのように腹がふくらんだ酒を入れる器。もともと日本ではほとんど使われる字ではありませんでした。

　さて、明治時代になって欧米から「かんづめ」というものがやってきました。「かん」は英語can。到来した初めてのこの金属の密封容器をあらわすために探し出された漢字が「罐」だったのです。それで「罐詰」。金属製の罐に蒸気（汽）をためて走る車で「汽罐車」。蒸気機関（機関は「からくり」のこと）で走る車は「機関車」。電気でもディーゼルでも「機関車」であることにはかわりはありません。

[新字体について]　罐はたしかに画数が多くて書くのにはやっかいです。昔から「缶」という省略体が使われ、常用漢字でもそれが新字体に採用されました。

　ただし残念ながら缶の音はフ、カンの音をになっていたのは雚のほうでした。音を写すための字だっただけにへんな具合になってしまいました。

　余談ながら「缶」のもともとの意味を保っている字に「罅」があります。「ほとぎ」にはいった「ひび」のことです。

　ほかの雚を部分にもつ、勸・歡・權・觀の字は、常用漢字ではそれぞれ雚のほうが省略形にされて、勧・歓・権・観の形の新字体になっています（63頁参照）。

陥

陷

音カン
訓おちいる

●「臼」のような「おとしあな」

［字のつくりと意味］　臼は、地面に掘った「うす」、またそのようなかたちの落とし穴。うすはもともとは地面を掘って作ったもので「臼」はそのかたちをあらわした象形です（『説文解字』）。地面に掘ったものではやわらかいものをつぶすのがせいぜいで、やがて木や石をくりぬいて穀物や豆をすりつぶすことができるようになりました。

臽《カン》は、その穴に人が落ちこむ様子をあらわしています。上部の⺈はクではなく人をあらわすかたちです。よく見ていただくと右下に撥ねがあるのがわかります。危険の「危」の上部も本来は撥ねのある形で、人が、厂（崖）の上から下をのぞきこむすがたをあらわしています。ちなみに「卩《ふしがまえ》」も人のかたちで、ひざまづいたすがたです。

臽だけで「おちいる」意味をもちますが、阝（阜《おか》）をつけて「丘が落ちこむ」意味（陥没ですね）。また、白川静氏の説では、阝は神のはしごの意味ですので（48頁参照）、その神聖な場所をまもる陥穽《かんせい》（落とし穴）をあらわすといいます。

［新字体について］　「臼」の部分を「旧」に省略。昔から手書きではよく使われていた省略のしかたです。同様の省略形に、兒→児、稻→稲があります。舊は臼部分の省略だけではなく、萑もとりのぞかれて「旧」だけになってしまいました（70頁参照）。⺈がクとされたのは前述のとおりです。

觀　観

音カン

●「萑」は「こうのとり」のこと

觀（観）、勸（勧）、歡（歓）、權（権）そして灌、顴など、いろいろな字で「萑」を見かけますが、このこみいった部分はなにを意味するのでしょうか。

［字のつくりと意味］　萑《カン》は、「鸛《こうのとり》」の象形です。まず、艹はくさかんむりではなく卝、鳥の頭の両側にある冠羽です。吅はぎょろりとした二つの目、隹は鳥のからだ全体のすがた。甲骨文字で見るとほんとうに絵のようです。

さて、この萑は共通のカンの音をになう音符としてさまざまな字の部分となっていますが、音だけをになうには少々複雑すぎるのではと思います。「こうのとり」の意味するところとはなにか、白川静氏の説を援用して説明します。

古来、中国や日本をはじめ世界各地で鳥を一種の神の使いとしてあがめ、鳥のとまった向き、鳴き声、食べたもの、さらには闘鶏など、鳥を使って神意を占うという風習がありました。「鳥占」とよばれるものです。古代中国では「こうのとり」が神聖な鳥とされ、占いにもちいられたようです。水辺に佇む一メートルを超える大型鳥は鶴にも似て、たしかに神の使いとも思えます。

そこでまず「觀」は、萑を見て、神意を察すること、「観察」です。

「勸」は、萑の鳥占によって農作の豊凶を占い、力（耒《すき》）によって農作業を「すすめる」「つとめる」ことをいいます。

「歡」は、萑に対して、欠《ケン》（口をあけて立つ人を横から見たさま）を加えて、

勸 歡 權

声をあげて祈る、結果、祈り願いがかない「よろこぶ」ことになります。

「權」は、木の意味合いがよくわかりませんが、雚の鳥占で「はかる」こと、はかりごと、「権謀」ですね。「かりに」「臨機応変」の意味もあって、機に応じて力をふるうことから「権力」です。ちなみに「かりに」の意味から「まにあわせ」、やがて日本では「そえもの、二番目、次席」の意味で使われるようになって「権大納言」「権妻」などの言葉がうまれました（この場合はゴンの音で読みます）。

少しうまくまとまりすぎの感もありますが、雚をめぐる字源説でした。

［**新字体について**］　雚を手書きでの省略体の隺に置き換えた形です。灌漑《かんがい》の「灌」、顴骨《かんこつ》の「顴」は常用漢字に入っていないので雚の部分はそのままです。

關 関

音カン
訓せき・かかわる

●かんぬき、からくり

［**字のつくりと意味**］　門のなかにある𢇇は、門を閉ざすための横木、かんぬき（閂）。また、𢇇はあわせて閉じる意味をあらわすともいいます。門を閉ざして出入りを制限するので「関所」、かんぬきで閉めるしくみなので「機関《からくり》」。関とのあいだで街道が閉ざされるため、その二つの関による「関係」「かかわり」の意味になったといわれます。

［**新字体について**］　中国でも日本でも使われていた手書きでの省略体です。江戸時代の相撲番付でも「大関」。現在の中国では「关」だけの簡体字になっています。

氣 気

漢音キ 呉音ケ

●宗教の人は「氣」を使うが…

［字のつくりと意味］　気《キ》は、雲の流れるさまの象形で、雲氣。水蒸気、いき。そこに米を加えたのは、水蒸気が米つぶのように小さなつぶだからとも、米がその気をやしなう源泉だからともいいます。天地の間に満ちる物質、活動力の源泉、人の生命の源など、大きく広い意味をもちます。

［新字体について］　米をメにかえた簡単な省略体です。新宗教、風水、気功はたまた暴走族といった方々はことさら旧字体「氣」を使うようですが、米の部分の字源ははっきりしておらず、ただ「メ」がいやなのではないかとも思います。

龜 亀

音キ 訓かめ

●見るからに象形文字

［字のつくりと意味］　「かめ」を横から見た象形。頭、甲羅、足、尾をそろえたそのままのかたちです。ちなみに相撲や歌舞伎でおなじみの「千龝（穐）楽」（千秋楽）の「龝」、こちらが「秋」の古い形。古代中国で龜が秋に獲られたことに由来するそうですが、興行的にはこちらがおめでたく見えますね。

［新字体について］　旧字体はあまりに複雑なため昔から省略体で使われていました。人名用漢字に新字体として採用され、常用漢字なみの扱いをされていましたが、平成二十二年、常用漢字に移行しました。

既

既

音キ
訓すでに

●「もう食べられません」という字

新字体で艮の形に省略される「皀」の部分は、食器、またそこに盛ったごちそうの意味。食物をめぐるさまざまな字がうまれました。

［字のつくりと意味］　皀は、𣪘《キ》のことで、古代中国で食物を盛りつける青銅器をいいます。皀だけで食器に盛られた食物の象形ともされます。ちなみに皀にふたをしたかたちが「食」となります。

まず、皀のごちそうに向かって人が「つく」かたちが「即（卽）」です。そして「既」。旡《キ》は、人がそっぽを向いているかたち、うしろを向いてげっぷをしているかたちともいいます。これで皀のごちそうを食べおわった意味、「おわる」したがって「すでに」という字となりました。

既に忄（心）がそえられると「慨（慨）」。食べおわってげっぷをしているさまが「ためいき」にも似ていることから「なげく、うれう」。「慨嘆」「憤慨」。

既に氵（水）がそえられると「漑」、食べおわって口をすすぐことから、水を「そそぐ」。「灌漑」。

既に木をそえた「概（槪）」はすこし由来がちがうようです。盛った食物、ますに盛った穀物をざっと盛り切って計るための棒「斗《と》掻《かき》」の意味。「ならす」ことから「おおむね、おおよそ」。「概算」「概説」。

既が厂のなかに入って「厩《うまや》」。ただしどこでどう間違えられたのか正しくは

慨概郷響

「廏」。殳は「かがむ」の意味で使われていて、馬がかがんで入る建物（广）なので「うまや」。

さて、また少し「皀」に戻ってみましょう。

皀のごちそうに人が向かいあってすわるさまの字が「卿」。「公卿《くぎょう》」の卿で貴族の意味ですね。宮廷で饗宴のごちそうの席にすわれるので「卿」。

「鄕（郷）」はもともとは「卿」と同じ字でした。「むかいあう」意味、やがて「卿」が貴族の意味に使われるようになったので、区別して卿のおさめる土地「鄕」、左右の「卯」の部分が「邑《むら》」をあらわす「阝」につけかえられました。

先ほどのべた「饗宴」の饗は、ごちそうに向かう「卿・鄕」にさらに食を加えて「もてなし」です。

「響（響）」は、向かいあう（鄕）音で、共鳴する音、「ひびき」です。

［新字体について］ まず、その前に旧字体について皆さん気づいたことはありませんか？　そう「皀」の部分です。既、卽などでは「皀」、卿、鄕、槪などでは「皀」の形になっています。じつは日本の活字の拠り所となった『康熙字典』（16頁参照）でもばらばらなのです。既、即、郷は皀、概、慨、卿などは皀の形になっています。ことさら皀で統一しようとするのも詮ないことでしょう。

新字体はその問題の皀・皀を「艮」に省略した形（これで新字体では一応統一されました）。白のノをなくしたのは、郎、朗などの良の省略形と区別するためかもしれません。ちなみに新字体では旡の部分を四画ではなく五画につくってあります。「牙《きば》」を参照の上、ご注意ください。

歸

帰

音 キ
訓 かえる

●軍隊が無事にかえってくる

肉、足、ほうき。三題噺のようですが、この三つの要素からできあがった字です。古代中国の戦の儀礼や習俗をうかがうことができます。

［**字のつくりと意味**］　自《シ》は、大きな肉片のかたち。古代中国では戦の出陣にあたって祖先や神の廟に肉を供え祭り、その祭肉を守護霊として携行したそうです。おそらく乾肉として兵糧もかねていたのかもしれません。自が戦の携行品だったことから「追」「遣」、また「師」「帥」の字もうまれています。

帚は「ほうき」。廟を掃き清めるための道具です。止は足あとのかたち。

この三つが組みあわさって、軍隊が歩いて、戦から凱旋し、携行していた祭肉を、清められた廟に供え、無事に帰還したことを報告する儀礼、という意味をあらわし、そこから「かえる」という字になりました。

また、ちょっと不思議なことに「帰」には女性が結婚する「とつぐ」の意味があります。「実家へ帰る」わけではありません。「歸」の廟での儀礼、結婚の報告に由来するらしいのですが、「婦」が夫に「ついてゆく（追）」からだという説もあります。

［**新字体について**］　左側を大幅に省略した草書体を採用。戦のための自（肉）の意味はなくなってしまいましたが、それもいいでしょう。江戸時代の版本などでは別体字「皈」がよく使われています。覚えておいて損はないと思います。

戲　戯

音ギ　慣用音ゲ　訓たわむれる

●「にせのほこ」、「戦のまね」？

［**字のつくりと意味**］　戈は「ほこ」。では、虍＋豆とはなにか。䖒は「虚」で「にせもの」、にせものの戈をつかい舞をまう所作。また、䖒は「わざ」で戦の前に戈をつかった技を披露すること。また、䖒は虎の皮をかぶった人が豆（器）にすわるさまで、それを戈で打ちかかる所作事。いくつか説がありますが、いずれにせよ戦前に戦勝を祈願する所作事や舞のことでしょう。そこから「たわむれ」。

［**新字体について**］　䖒をよく似た「虚」に置き換えた形。「にせもの」説がほんとうなら適切な新字ですが……。「戯作《げさく》」「戯言《ざれごと》」などの読みも。

犧　犠

音ギ

●「いけにえ」は羊より牛が上等

［**字のつくりと意味**］　羲《ギ》は、義＋丂。古代中国では神にささげる「いけにえ」はまず羊。「義」は羊をのこぎり（我）で解体し、外形や内臓にも欠陥がないかたしかめることをいいます。丂も刃物の象形。「羲」だけで「いけにえ」の意味ですが、いけにえとしては牛が最上等とされていたので、「牛」をそえました。「犠牲」の牲もいけにえの「生きた」牛。

［**新字体について**］　羲を義に置き換えた形。字源からいっても適切な新字化といえましょう。羲を単独で使うのは伝説上の帝王「伏羲《ふっき》」、書聖「王羲之《おうぎし》」ぐらい。

舊 旧

音キュウ

●動けない「みみずく」か「久」の代用か

「旧（舊）」は時間が経過して「ふるく」なること。「新」に対しての「旧」です。「今」に対しての「古」とニュアンスが異なるのがおわかりでしょう。

［字のつくりと意味］　萑《カン》の艹は本来、卝。萑について説明したように（63頁）鳥の頭の冠羽のかたちです。ここであらわしているのは「みみずく」。さて、みみずく＋臼でなぜ「ふるい」という意味になるのでしょう。臼の音はキュウ、これが「久」と通じるので「ひさしい」、時間がひさしく経ることで、ふるくなる意味と説明されます。しかし「みみずく」はどこにいったのでしょう。久の代用としても舊はこみいりすぎですね。

　白川静氏の説によれば、臼は「うす」ではなく、鳥を捕らえるための道具のかたち。これでみみずくの足をからめて飛びたてなくして捕らえるというのです。足をからめられてみみずくは長く留まったままなので「ひさしい」、時間が経過するので「ふるい」というのです。こちらもわかるようなわからないような説ですね。

［新字体について］　臼は昔から「旧」の形で略されてきました。陥（陷）、児（兒）、稲（稻）などもその省略法ですが（62、94頁参照）、舊についてだけは「旧」だけになってしまいました。やはり「みみずく」はどこかにいってしまいました。

據 拠

漢音キョ
呉音コ

●二段構えの新字化

［字のつくりと意味］　豦《キョ》は、けもののもつれあう様子といいます。虎と豕（ぶた）のもつれあいでしょうか。また、豦は「鐻」で、釣鐘の掛け金の部分ともいいます。もつれあうから「拠（よる）」、掛け金を「拠り所」とするからともいいますがよくわかりません。扌をつけて「よりどころとする、よる」の意味です。

［新字体について］　據がなぜ拠になったのか。じつは「処」の旧字体は「處」（101頁）。もともと據の右側を處の俗字（処を匆につくる）で置き換えた字もあったのです。處が処に新字化されたので、豦も処に置き換えたというわけです。

虛 虚

漢音キョ
呉音コ

●丘、そこに作られた都のあと

［字のつくりと意味］　虍《コ》は音をにない、また巨の意味で「大きい」。业はおかのかたち。もともと大きな「おか」をあらわしています。また虛は「墟」で「あと」。大きな丘には都や墓域がつくられますがやがて廃墟となるので「あと」、したがって「むなしい」という意味になりました。むなしい言葉は虛言で「噓《うそ》」ということになります（ただし国訓。194頁参照）。

［新字体について］　业の部分を手書きでの省略体にした形です。「墟」「噓」は常用漢字ではないので虛のまま。戲の旧字体は戲（69頁）なので要注意です。

挾

挟
音キョウ
訓はさむ

狭
峡

●「人」が三人

［字のつくりと意味］　夾キョウは、まんなかの人（大）の両脇に人がはいってはさんでいるかたち。夾だけで「はさむ」の意味になります。「夾雑物」といいますね。夾にさらに扌（手）を加えて手でかかえて「はさむ」としました。音をになう「はさむ」の意味をもった「夾」を部分として、たくさんの字がうまれています。

「狹（狭）」は、「けものみち」のことで「せまい」。また、もともとは「陜」の字で阝（おか）にはさまれた「せまい」場所。

「峽（峡）」は、山と山にはさまれた「たに」「はざま」。

「俠」は、両脇に人をはさんで抱くことから弱者をまもる「おとこだて」の意味。「俠客」「任俠」。

「莢」は、草の豆をはさんでいる「さや」。

「鋏」は、金属でできた「はさみ」。

「頰」は、顔を両側からはさんでいる「ほお」。

［新字体について］　夾を夹に省略した形です。挟、狭、峡は常用漢字で新字化。頬は平成二十二年に常用漢字になりましたがその形のまま。ほかの字は常用漢字にふくまれていませんので「夾」の形のままです。

余談ながら、中国の行政区分「陝西《せんせい》省」の「陝」の右側は夾ではなく「入」が二つの夾です。よく間違えるのでご注意ください。

勤
勤　謹

漢音キン
呉音ゴン
訓つとめる

●「左官屋」が仕事をする？

「堇」の部分がなにをあらわすのか諸説紛々です。「日照り神」「飢饉」「粘土」等々、さてどんな関係になってくるのでしょうか。

[字のつくりと意味]　諸説をなんとかまとめてみると、堇《キン》はもともと𦰩《カン》と同じで「日照り神」。𦰩の下にさらに火を加えて強調しました。ところが火が土と間違えられて堇。堇が、黄＋土と解釈されて「ねば土」「粘土」となったというのです。また「日照り神」から、凶作で作物がとれず、「僅《わずか》」「飢饉《ききん》」の意味だともいいます。「粘土」と「日照り神」の両方で解釈してみます。

「勤（勤）」は、力をこめて粘土を塗り込むことで「つとめる」。飢饉を避けるために力（耒《すき》）で農耕に「つとめる」こと。

「謹（謹）」は、粘土を塗り込むように口を「つつしむ」。日照りを避けるために「つつしんで」神にいのること。

どうも正直わからないというしかないようです。

[新字体について]　廿の部分を艹《くさかんむり》に省略しました。見た目はあまりかわりません。飢饉の「饉」、瑕瑾《かきん》の「瑾」、参覲《さんきん》交代の「覲」（諸侯が天子、将軍にまみえる）、むくげの「槿」は常用漢字ではないのでそのまま。わずかの「僅」は平成二十二年に常用漢字に入りましたがもとのままの形です。ちなみに「菫《すみれ》」は堇とは別の字です。こちらは艹です。

區

区

音ク（漢音オウ）

歐毆樞驅

●個々に区分けして「まちまち」

東京や政令指定都市で細かい行政単位になるのが「区」。個々に細かく分ける意味です。いまは仮名書きがふつうになりましたが「区区」と書いて「まちまち」と読ませました。

［**字のつくりと意味**］　匸は本来「はこがまえ」ではなく匸かくしがまえ。品はさまざまな品物で、それを「かくす」、また品じなを区分する。一説には、品は三つの神具でそれをかくして祈る聖所のことで、せまい場所のことをさすといいます（白川静氏）。區を部分としてさまざまな字がうまれています。

「歐（欧）」は、「欧州」と欧羅巴（ヨーロッパ）の宛字に使われる字ですが、字の意味は「はく」「うたう」、嘔吐《おうと》の「嘔」、謳歌《おうか》の「謳」とほぼ同じ意味です。

「毆（殴）」は、「なぐる」。白川氏の説によれば、區（聖所）で神霊をほこでうつようにしておどし、祈りをかなえようとすることで「なぐる」。また、なぐって邪悪なものと区切りをつけるからとも。

「樞（枢）」は、區（聖所）の木の扉をつなぐ軸で「とぼそ」。かなめの部分なので「枢機」「枢密院」などと使われます。

「驅（駆）」は、馬をむちでうち（毆）、走らす、「かける」。

［**新字体について**］　品をメに省略、いいかげんな感じですね。ほかの字も区に置き換えました。嘔、謳、森鷗外の「鷗」、体軀《たいく》の「軀」はそのままの形です。

薰 薫 勳

音クン
訓かおる

●くすべて「かおる」香草

［字のつくりと意味］　熏《クン》は、ふくろにはいったものを火であぶって「くゆらす」かたち。艹《くさかんむり》をつけて、くゆらす香草、それだけでもかおる香草。「燻製」の燻は「いぶす」。燻が常用漢字に入っていないため「薫製」と書き換えられていることが多いです。「勳（勲）章」の「勳」はどうやらもとのかたちは「勛」。ともに器のかたちだった員が熏に置き換わったようです。

［新字体について］　黑の部分を黒に置き換えた形。黑、熏を部分にもつ字は同じように新字化されました。点々のほうがイメージの喚起力は強いと思います。

莖 茎

音ケイ
訓くき

●共通する「まっすぐ」で「つよい」もの

［字のつくりと意味］　巠《ケイ》は、はたおりの「はた」に、たて糸をまっすぐに張っているさま。下の工が押さえの横木をあらわします。ここから「まっすぐ」そしてまっすぐなので「つよい」という意味がうまれました。巠に艹《くさかんむり》をつけて、草のまっすぐな部分なので「莖」です。巠を部分にした字はいずれも「まっすぐ」「つよい」という共通の意味とケイの音をもちます。

「徑（径）」は、彳《テキ》は行（十字路のかたち）の左側で「みち」をあらわし、まっすぐの近道の意味なので「こみち」。またまっすぐの「さしわたし」の意味で「直径」

徑經輕

「口径」など。

「經（経）」は、巠にさらに糸を加えて「たていと」。ここから、まっすぐのびる「すじみち」、時間が「たつ」「経過」、さらに「おさめる」「経世済民（経済）」、「いとなむ」「経営」、道理をのべた書物「経典」などの意味がうまれました。

「輕（軽）」は、まっすぐ走る車なので「かろやか」「かるい」。かるがるしいのが「軽挙」、かろんぜられるのが「軽蔑」ですね。

ほかの巠を部分にもつ字は、「勁つよい」、「脛すね」、「頸くび」など。

〔**新字体について**〕　巠の上部を又に省略しました。中国の簡体字ではスに略しています。下部の工はなぜか土にかわっているので要注意です。

惠

漢音ケイ
呉音エ
訓めぐむ

恵

穗

●恵子、百恵など人名に

〔**字のつくりと意味**〕　上部の叀は「いとまき」とも、「口を閉じたふくろ」ともいいます。心を加えて、「いちずに」または「つつしむ」の意味、やがて「めぐむ」となりました（どうもよくわかりませんが）。

日本では呉音エで「恵《え》方《ほう》巻」「恵《え》比《び》寿《す》」、地名「恵《え》庭《にわ》」「恵《え》那《な》」と使われます。「知恵」は「智慧」の同音による書き換えです。

〔**新字体について**〕　昔から使われた手書きの省略体を採用しました。稲の「穂」の字も旧字体では「穗」です。

溪 音ケイ 渓 鷄

●糸でつないで細いさま

［字のつくりと意味］ 奚ケイは、爪＋糸で「細い糸」、「細い糸でつなぐ」意味といいます。細い糸のような水の流れなので「溪」。「谿」も同じ字とされています。「溪流」「谿谷」。

「鷄（鶏）」は、つながれている鳥なので「にわとり」。また、奚は、単にその鳴き声をあらわしているだけともいいます。こちらも「雞」が同字。「成蹊《せいけい》」「鼠《そ》蹊《けい》部」の蹊は「細い小道」の意味です。

［新字体について］ 単純な省略ですが間が抜けた感じになりました。

繼 音ケイ 訓つぐ 継 斷

●「糸」が五つも

［字のつくりと意味］ 𢇍ケイは、「はた」にかけた切れた糸と糸とをつなぐかたち。𢇍だけでも「つぐ」意味をもちますが、さらにそれに糸を加えました。あとつぎは「継嗣」、うけつぎ「継承」、つないで「中継」です。また日本では血のつながりのないことも意味して「継母《ままはは》」とも使います。

「斷（断）」は、斤（おの）をそえて、𢇍が切れている状態で「たつ」。

［新字体について］ さすがにこのこみいりかたなので、繼・斷ともに昔から手書きでは米の形で省略されてきました。新字体はそれを採用しました。

藝 芸

音ゲイ

●新字体は別の字、評判悪し

別字「芸」を採用してしまい新字体のなかでも特に評判の悪い字。「文藝春秋」「東京藝術大学」「日本文藝家協会」などは旧字体を墨守していますし、小説家丸谷才一も新字体は許容しながらもこの字は認めませんでした。

［字のつくりと意味］　埶《ゲイ》がもともとの「藝」の原字。甲骨文・金文では人がかがんで苗木を土に植えるかたちをあらわしています。そこから「園芸」のこと。さらにそれを芸（草を刈る意味）ではさみこみ、園芸技術、したがって「わざ」の意味になりました。わざ、はたらき、才能、そして芸術をあらわす字です。

「芸人」は本来、学芸にすぐれた人のこと。日本では遊芸・演芸にたずさわる人のことになりますが、芸人＝お笑い芸人をいうようになったのは近年のことでしょう。

ちなみに埶に灬（火）を加えた「熱」は、苗木を植えるのに適当な気温をあらわしているといいます。

別字「芸」は述べたように「草を刈る、くさぎる」の意味で音はウン。書物の虫食いを防ぐ香草の名前でもあります。日本史の教科書に出てくるのが日本最初の図書館といわれる石上《いそのかみの》宅嗣《やかつぐ》の「芸亭《うんてい》」。書物を保存している場所の意味です。艹《くさ》かんむりの間を離した「芸」として書き分けている例を見ます。

［新字体について］　述べたとおりで、藝、芸は別の字と覚えておいてください。

擊 撃

音ゲキ
訓うつ

●車でもよさそうだが

［**字のつくりと意味**］　轂《ゲキ》は、車と車がぶつかりあうという意味。左側を叀と見ると、閉じた袋に穀物を入れてたたくという意味。いずれにしても、ぶつかる、打つで、手を加えて、「うつ」の意味となりました。「うつ」から「たたかう」「せめる」の意味もうまれています。「打撃」「攻撃」。

［**新字体について**］　轂の左側を車にかえました。車がぶつかる意味なら適当な新字化といえるでしょう。同じ部分をもつ「繫つ《な》ぐ」は常用漢字にふくまれていませんので、そのままの形です。

缺 欠

音ケツ
訓かける

●「欠」は「あくび」のこと

こちらも藝（芸）同様に別の字が新字体として採用されてしまいました。芸とちがって、どうしてこの字が採用されたのかちょっとわかりませんね。

［**字のつくりと意味**］　缶《フ》は、罐（61頁）で述べたように「ほとぎ」、腹のふくらんだ土器。夬《ケツ》は、えぐる。また、夬はもとのかたちは叏で、一部が欠けた玉を手にもつさま。これをあわせて、土器がえぐれる、「かける」という意味になりました。また、かけることから、足りなくなることで「欠乏」、不備なので「欠陥」

です。かけてのこったほうのものが「残欠」「欠片《かけら》」です。

一方「欠」は、人が横を向いて大きく口をあけているさまの象形。歌、歓、歎の字などからも様子がうかがえますね。「欠」一文字なら「あくび」の意味、音は本来カンです。「欠伸」で「あくび」と読ませます。したがって旧字体にしても「欠伸」は「欠伸」のままですのでご注意ください。

［**新字体について**］　なぜ欠が缺の新字体に採用されたかというと、缺に意味のよく似た「闕《ケツ》」という字があります。「闕文」「闕字」「闕如」と使われますが、おそらくこちらの省略体が「欠」。これが缺の省略体としても使われていたので、夬にも似ていることだし、ということで新字体に採用したのだと思われます。

縣 県

音ケン

●首をさかさにかけたかたち

「○○縣廳（県庁）」と看板を掲げた由緒正しい建築物も残されています。行政区分の「県」を定めたのは、紀元前三世紀、秦の始皇帝です。

［**字のつくりと意味**］　県《ケン》は、切られた首がさかさまにかけられているかたちです。下の小の部分はもともとは巛で髪の毛がたれさがっている様子です。系はひも。首をさかさにひもでつるしているところから「かける（懸ける）」の意味になりました。

獻 献

漢音ケン
呉音コン

なかなか恐ろし気な字ですが、なぜ首がぶるさげられているのか、どうしてその字が行政単位を示す字になったのかがわかりません。古代の宗教儀礼に関係するのでしょうが、首をとって征服した地というのは穿ちすぎでしょうか。

紀元前二二一年、秦の始皇帝は中国を統一し、中央政府が地方を統治する制度「郡県制」を敷きました。郡の下の行政区分が「県」とされました。この中国の行政区分は日本にも輸入され、七世紀前に朝廷の直轄地「県《あがた》」が見られ、形は変わりましたが現在の行政区分「県」にまで受け継がれています。

［新字体について］ 系をはずした形の省略体。新字が採用されたときなぜか「懸」のほうはもとの形のままになりました。

●古代儀礼そのものの字

［字のつくりと意味］ 鬲《レキ》は三本足の鼎《かなえ》の形の祭器。虍がかぶされて頭部が虎の形の祭器で、犬は、その祭器にいけにえの犬の血を塗りつけた状態。血で清められた神聖な祭器が「獻」、そこから神に「たてまつる」「ささげる」意味になりました。「献上」「貢献」、そして「献立」、「文献」。

［新字体について］ 左側の部分がどうして「南」になるのかはわかりませんが、中国でも古くから虍の下に南をつくる形の筆記体が多く見られます。さらに南だけにした省略体を新字に採用しました。

儉　倹　音ケン

險　檢　劍　驗

●「二人が声を合わせる」さまざまな字

［字のつくりと意味］　僉センは、二人で器をささげて祈るさま、また声をそろえるさま。そこから「みなで」「ともに」の意味をもちます。イ（人）をつけて、「つつましく」祈る、「つつましい」の意味になりました。「恭倹」「倹約」。

　僉を部分にして多くの字がうまれています。

「險（険）」は、神ののぼるはしごに祈りをささげる場所で「けわしい」、「険阻」。そこは「あやうい」ので「危険」。

「檢（検）」は、木が「かせ」をあらわすといわれ、手かせをかけてきびしく調べる、神意を調べるとも。「しらべる」「あらためる」。「検査」「検討」。意味のよく似た「撿」も混用されますが、戦前の雑誌の「撿閲」などはこちらが主流。

「劍（剣）」は、刂が刀で、両刃の「つるぎ」。片刃のものが刀。

「驗（験）」は、「馬の名前」のことども、馬で神意をうらなう「競馬《くらべうま》」の意味ともいいます。そこから「しるし」「ためし」、「実験」。ゲンと読むと仏教や祈禱の効能の意味になります。「霊験《れいげん》」「修験者《しゅげんじゃ》」「験《げん》かつぎ」などです。

　ほかの僉を部分とする字には、山がけわしい「嶮」、目の上下があわさるので「瞼《まぶた》」、収斂《しゅうれん》、苛斂誅求《かれんちゅうきゅう》の「斂」、石鹼の「鹼」、和本の表紙に貼ってある題簽《だいせん》の「簽」などなど。

［新字体について］　よく使われていた省略体が採用されました。「石鹸」「剱《つるぎ》」などの字を見かけますが、常用漢字ではないので「鹼」「劍」のままです。

顯

顕　濕

音ケン

●きらびやかな頭飾り

［字のつくりと意味］　㬎のもとの形は㬎《ケン》で、太陽または霊の宿る玉に二本の糸飾りが垂れるかたち。頁（頭）に飾りをつけて祈ることをあらわし、神が顕現するので「あらわれる」、飾りがきらきらかがやくので「あきらか」という意味になったといいます。「顕現」「顕著」。

同じ㬎をもつ字に「濕（湿）」がありますが、糸飾りが水で濡れるから「しめる」、神の顕現する水辺（さわ）の意味だという説もあります。

［新字体について］　手書きでの省略体を採用しました。

嚴

厳　巖

漢音ゲン
呉音ゴン
訓きびしい・おごそか

●華厳の滝、厳島神社

［字のつくりと意味］　吅だけで「きびしくいいつのる」意味とも、祭器が二つならんだかたちで「おごそか」の意味（白川静氏）ともいいます。厰はカンの音符または「がけ」の意味とも。呉音ゴンは仏教語「荘厳《しょうごん》」「華《け》厳《ごん》経」などで使われます。

嚴しい「山」、嚴かな「山」で「巖（巌）《いわお》」です。

［新字体について］　吅をツと省略。「單（単）」も同じ省略法です（ただし部分の意味は違いますが）。「巌」は人名用漢字の新字体です。

恆

恒　音コウ

亙

●「つねに」かわらぬ心

[字のつくりと意味]　亙《コウ》は、二のあいだに月を入れて、月が空の一方からもう一方にわたるさまをあらわします。人名用漢字の新字では亘（わたる）。つねにわたること、さらに忄（心）をそえて「つねに（かわらぬ心）」、「恒心」の意味になりました。「恒久的」「恒常」「恒星」「恒河《ごうが》（ガンジス川）」。

[新字体について]　亙を亘に変えた形。月が日になってしまいました。ただし昔から混用されていましたが本来は別の字です。旧字体の亙の部分は瓦ではないのでご注意ください。

效

効　音コウ　訓きく

敕

●效・効、敕・勅。無用な改変

[字のつくりと意味]　交の部分は古い字形では矢の象形。攵は攴で「たたく」。まがった矢をたたいてなおす意味です。そこから「いたす」、正しい形に「ならう」、そしてその効果「ききめ」「きく」をあらわすようになりました。

「敕（勅）」は、柴や薪の束をたたいてととのえる、いましめる。天子のことばをあらわす「みことのり」の意味に用いられます。「勅命」「勅裁」「勅題」。

[新字体について]　昔から混用されていた字ですが俗用のほうを新字体に採用してしまいました。ぱっと見たとき旧字新字の区別がつかないことがあります。

旧字あれこれ

月の三種類 つき・にくづき・ふなづき

新字体では「月」で統一されていますが、本来この部分は三種類に使い分けられています。新字体のない常用外漢字では活字は三種別につくってありますのでよくご覧ください。ここでとりあげてある字はすべて新字体です。

まず「月」。これが本来の「つき」。ご覧のように三画、四画目は右には接しません。活字では筆を止める「うろこ」がつけてあります。天文・暦日関係の字がここにふくまれます。朔・望・朗・期・朧などです。やっかいなのが「有」で、もともと「にくづき」のはずなのですが、いつからか「つき」の字になっています。有を部分にする字も多いのですが、やはり活字としては「有」になります。

「月」。「にくづき」というようにもとのかたちは「肉」です。三画、四画目が右に接した現在では一番ふつうの形の「月」です。人体や体の部分名称、動物関係の字はみなこの「にくづき」です。字としては圧倒的多数です。

「月」は「ふなづき」です。もとのかたちは「舟」です。舟関係の字といいたいところですが、音シュウをになったりと意味づけははっきりしません。朕・服・勝（したがって藤や籐）・朋・謄・騰などがこのグループです。注意すべきは、朝・潮で、意味として「つき」かと思いますが「ふなづき」の字です。音チョウをになうためかもしれません。

このように三種使い分けになりますが、現在のコンピューター組版の、新字体に対する旧字体では、月の形に統一されてしまっていることが多いのが実情です。

黃

黄

漢音コウ
呉音オウ
訓き・こ

横

●天子、大地の色

中国では黄色は古来、大地、中央したがって天子の色。悪い意味に使われることはないと言っていいでしょう。「黄色人種」といわれても気にならない？

「**字のつくりと意味**」　黄は、人が玉を腰におびたかたちの象形、つまり「佩玉《はいぎょく》」をつけたかたちといいます。黄玉、トパーズでしょうか。また、古い字形を「火矢」と見ることもでき、火の色から「きいろ」とも。後漢の字書『説文解字』は、田＋光と解釈して「田の色」「地面の色」としています。

　中国の自然哲学ともいえる「五行説」では、黄色は大地の色、中央に配されるので、天子・皇帝の色とされます。古代の伝説上の王は「黄帝」、天子の宮の門は「黄門」、天子の道そして太陽の道が「黄道」です。大地の色がとけだした川は「黄河」、そそぐ海が「黄海」。

　「横（橫）」は、黄が腰のわき（よこ）に玉をつけることから、木をそえて、横木、かんぬき。したがって「よこ」となりました。縦に対する横で、「よこしま」「ほしいまま」という意味がうまれて、「横着《おうちゃく》」「横行」「横暴」「専横」などずいぶん悪い言葉に使われるようになってしまいました。

「**新字体について**」　手書きの省略形を採用。どうもお手軽な感じです。「黄」を部分にした「廣（広）」が、さらにさまざまな字に展開していきますが、それについては次頁を参照してください。

廣 広

音 コウ
訓 ひろい

擴 鑛

●「厶」で「ござる」

「廣」が「広」、「佛」が「仏」。新字体の省略に使われる「厶」がよくわかりません。なにかこみいっていると「厶」にしてしまうようです。漢字としての厶はわたくし（私）の意味。日本では「ござる」の宛字に使われます。

［字のつくりと意味］ 广《まだれ》は屋根そして建物をあらわす部首です。黄《コウ》は、もともと「ひろい」の意味をもつとも、また王に通じて「大きい」の意味ともいいます。したがって、広大なお屋敷、「ひろい」意味をもつようになりました。

「廣」を部分にして多くの字がうまれています。

「擴（拡）」は、扌（手）をつけて「ひろい」を動詞化。「ひろが（げ）る」意味にしました。音もカクに変わっています。「拡大」「拡張」。

「鑛（鉱）」は「あらがね」。金属などをとりだす鉱石。黄色い鉱石か、音を借りただけかもしれません。「礦」もほぼ同じ字。「鉄鉱石」「炭礦」と律義に書き分けるほどでもありません。

「曠」は、ひろびろとして、むなしいさま。曠野は「こうや」「あれの」。曠が常用漢字にふくまれていないので「広野」「荒野」と書き換えられています。

［新字体について］ 前に述べたように黄の部分を厶に置き換えた省略形です。新字体になって、私・仏・広などの部分が共通になってしまい意味をさかのぼることができなくなってしまいました。

號 号

音ゴウ

●「創刊号」「二号」「ひかり号」

古雑誌はたまた長く使われている機器の標識板などに「號」の字が残されていることがあります。本来「号」の字は「さけぶ」「よび名」の意味でしたが、どうしてこう使われるのでしょうか。

［字のつくりと意味］ 号そのものが古い形。まず一説に、口に丂（まがったものをあらわす）で、まがった声、泣き声。もう一説には口は祝詞をおさめる祭器で丂はそれをささえる木の枝、そこから大声で泣き叫んで神に訴える（白川静氏）。いずれにせよ大声で「さけぶ」の意味となります。のちに虎を加えて、虎が咆哮《ほうこう》するように「大声でさけぶ」「大声でよぶ」の意味になりました。「号泣」など。「よぶ」ことから「よび名」で、「雅号」「俳号」「元号」と使われます。さらにそこから、しるし・標識の意味になり、「記号」「番号」となりました。

さて周代（紀元前十一世紀～紀元前三世紀）の官制を記したとされる『周礼《しゅらい》』という書物があります。ここに功績のあった臣下に階級を定めて賜わる「功臣号」の記述があり、どうやらこれが階級・順番に号を使うはじまりといえそうです。一号、二号、三号…、二千年以上の歴史があるといえましょう。

「ひかり号」「よど号」「ＱＥⅡ世号」など、これは号の前についているのは乗り物の名前ですよと示すための接尾語です。

［新字体について］ 昔から使われていた省略体。古代の字形にもどりました。

國

国

音 コク
訓 くに

●國體と国体、今では別ものに見えます

「國」の字を見るとどうしても戦前戦中のことがイメージされますが、この字に罪はありません。国威発揚のため、いかに多く使われていたかということです。

［**字のつくりと意味**］　或《ワク》は、戈＋口＋一。戈《ほこ》で、区切られた（一）区域（口）をまもる意味。これだけで邑、ちいさい「くに」のことをあらわします。地域の「域」、「閾《しきい》」もこの意味からできた字です。或が「あるいは」の意味で使われるようになったので、さらに囗でかこんで、武装してまもられた「くに」の字になりました。小国を「国」、大国を「邦」というともいわれます。

徳川光圀《みつくに》の「圀」は、唐の則天武后（六二四〜七〇五年）が「國」の或をきらい囗のなかに「八方」をいれてつくらせた、いわゆる「武周（則天）文字」とよばれるもののわずかな生き残りです。

余談ながらマルコ＝ポーロのいう「黄金の国ジパング」は当時の「日本国」の中国音読みで、「国」がグ（guo）、日本だけならジパン、Japanです。

［**新字体について**］　新字体作成にあたって、まず国の字が考えられ、もう日本には王はいないから点を加えて国になった、というまことしやかな話を聞きますが、もともと國の草書体で囗のなかの或を玉に似た形に省略する字形があり、そこにはだいたい点があります。ということで新字体は草書体の字形を採用したということでしょうね。

黑

黒

音　コク
訓　くろ

默墨黛

●点々がつまった「すす」

漢字で点々があると、だいたい中になにかがあるか、つまっている状態をあらわします。黒の場合は「すす」、袋のなかでいぶされているものという説もあります。

［字のつくりと意味］　まず下部の灬は火。上部の里は、けむりだし、つまり煙突。下で火をたいて、けむりだしに「すす」がつまっている様子です。これで「すす」の「くろ」をあらわしています。上部を束とする考え方もありその場合は「ふくろ」のなかにものが入っていて、それを下から火で熱している様子、なかのものはいぶされて「くろく」なります。黒を部分とする字がいくつかあります。

「默（黙）」は、黒に犬。いけにえの犬を埋めて喪に服することを意味して、喪中の物言いはタブーとされたため「だまる」。犬がだまって人を追うからとも。

「墨（墨）」は、黒に土。黒いすすと土を練り固めて作ったものが「すみ」。

「黛（黛）」は、まゆに代わる「眉墨」。黛は人名用漢字の新字体です。

「黴」は、微かにはえてくる黒い点々で「かび」のことです。

じつは「点」と「党」の字も「點」（134頁）、「黨」（135頁）のように黒を部分にする字なのですが新字体ではわからなくなってしまっています。

［新字体について］　点々を横棒一画に省略しました。また、黙、点さらに勳のように下部の灬を字全体にかけるというデザイン変更がなされています。

碎

砕

音サイ
訓くだく

粹
醉

●部分になると「卆」とは

「卒」は新字体でもそのままですが、部分になると「卆」と省略されてしまいます。数え九十の「卆寿」はこちらの字なのですが。

［字のつくりと意味］　卒ソツは、衣に一を加えた形で、えりを重ね合わせた死者の衣服をあらわします。そこから死ぬことを意味して「おわる」、そして「にわかに」「ついに」の意味に使われます。また、一は衣服につけた「しるし」で、そうした衣服を着用する「しもべ」「兵士」の意味ももちます。石に卒を加えて、石のおわりで「くだける」、また石のくだける音が「卒」だからともいいます。

「粹（粋）」は、卒が「まったし（完全）」の意味で、完全に精米された米のことから「まじりけのない」さま。「純粋」。日本独自の「いき」。

「醉（酔）」は、酉（酒）を「まっとう」するので「よう」。「陶酔」「泥酔」。膵臓の「膵」（この臓器のためにつくられた字です）、憔悴《しょうすい》の「悴やつれる」、抜萃《ばっすい》の「萃あつめる」（抜粋と書き換えられることが多い）、「倅《せがれ》」などなどの字は常用漢字にふくまれていませんので「卒」のままの形です。

ちなみに「枠《わく》」は日本で作られた国字です。もともと卆のままなので旧字体のつもりで「椊」とすると「ほぞ」という別の字になってしまいます。

［新字体について］　述べたように卒を俗字の卆に置き換えました。「卒」単独ではそのままというのもなんだかなあという気がします。

雜

雑

慣用音ザツ
呉音ゾウ

●色とりどりの衣服

［字のつくりと意味］　字の部分をばらばらにして見てみると、じつは衣＋集。「襍」という同字があるのでわかるでしょう。さまざまな色の衣服が集まった様子、また衣服のさまざまな色彩が集まった様子、ここから「まじりあう」「まざる」の意味をあらわします。本来は評価はないわけですが「粗雑（あらい）」「いやしい」意味がうまれ、とくに日本では呉音ゾウを使って「雑色《ぞうしき》」「雑巾」「雑言《ぞうごん》」とあまりよい意味には使われません（「雑煮」はちょっと違いますが）。

［新字体について］　卒→卆と同じ省略法が使われています。

參

参　慘

音サン
訓まいる

●頭の三つの飾り

［字のつくりと意味］　厽は三つの星、三本のかんざし。㐱は「密度が高い」意味とも、人がひざまづいているかたちともいわれます。この先のつながりがわからないのですが、「まいる」「あずかる（加わる）」の意味の字となりました。「参詣」「参賀」、「参与」です。くらべるという意味で「参照」となります。

「慘（惨）」は、參が「侵す」の意味で、「いたましい」「むごい」。「悲惨」「惨状」。

［新字体について］　厽を厶と一にした草書体の省略形。滲出《しんしゅつ》の「滲しみる」、魚の「鰺《あじ》」は常用漢字ではないのでそのままの形です。

蠶

蚕

音サン
訓かいこ

●尊称をこめた「天の虫」

［字のつくりと意味］　朁《サン》は「かくれる」の意味だといわれます。糸をはいて繭にかくれる虫なので「かいこ」。同様に竹でできていて髪にかくれるので「簪《かんざし》」だというのも同じ解釈です。たいへんこみいった字なので「養蠶」とあれば見当もつきますが一字だけで出てくるとまごつきますね。日本では「こ」と読むことも多く「蚕飼《こがい》」「春蚕《はるご》」などです。

［新字体について］　複雑なので昔から略字として使われてきました。「おかいこさま」ゆえ、天の虫で受け入れやすかったのでしょう。

贊

賛　讃

音サン

●「礼賛」?「礼讃」?

［字のつくりと意味］　兟《セン》は「すすめる」意味。神に供え物（貝）をすすめる、君主に財貨をすすめる、そこから「たたえる」「ほめる」意味になりました。意味も似ていて音も共通する「讚（讃）」が常用漢字にふくまれていないので讚の書き換えに使われました（讚辞→賛辞、絶讚→絶賛）。ただし現在では讚は人名用漢字の新字体「讃」になっています。同意するの「賛成」は賛の字です。

［新字体について］　兟を扶に省略。ただし同様に省略される「潜」の兟の部分は意味がまったく違いますので注意してください（116頁）。

齒

音シ
訓は

歯
齢

●上下に歯がならんでいるさま

［字のつくりと意味］　甲骨文では四角く開けた口のなかに上下二本ずつの歯がならんだ、そのままの象形です。止《シ》を加えて、口の中に物がとどまる意味をあらわしたともいいます。「歯」一文字でも「齡（齢）《よわい》」の意味をあらわします。これは馬の年齢を歯を見て数えたことによります。

［新字体について］　こみいった部分を「米」で省略してしまうパターン。齡（齢）は同様の省略体。「囓《かむ》」「齧《かじる》」「齟齬《そご》」などは常用漢字ではないのでそのままの形です。

兒

漢音ジ
呉音ニ

児

●こどもの髪型

［字のつくりと意味］　上部の臼は、うすではなく、「あげまき」とよばれる髪のかたち。髪を頭の真ん中で分け、左右に輪に結ったかたちで、儿は体をあらわし、これで「こども」、男児。本来は男の子の「児」に対して、女の子は「嬰」となります。「嬰児」は男女をまとめた総称ということです。

［新字体について］　臼を旧に省略しました。陷（陥）、稻（稲）、舊（旧）（62、70頁）と同じパターンですが、述べたとおり、この字の臼の部分は「うす」ではありません。

辭 辞

音ジ
訓やめる

亂

●「みだれ」を解きほぐす

辭（辞）と亂（乱）。同じ部分をもつ二つの字ですがどうにも共通項を見いだせないようです。白川静氏の説に拠って漢字の奥深さをのぞいてみましょう。

［字のつくりと意味］　𤔔《ラン》は、「糸かせ」の上下から手をかけて、みだれている糸をほぐそうとしているかたちで、糸がみだれていること。辛は針のかたち。みだれた糸を針でほぐそうとすることをあらわし、「ほぐす」「とく」意味。罪や嫌疑を「とく」ための弁明が「辭」、そこから広く「ことば」の意味になりました。「言辞」「祝辞」「辞典」。また「ことば」によって「ことわる」「やめる」こともあらわすようになりました。「辞退」「辞意」「辞任」というわけです。

さて「亂（乱）」です。𤔔が「みだれ」、右側の乚（乙）は骨製の「へら」のかたち。そうすると「辭」の例によれば「みだれ」を「正す」「おさめる」意味になりそうです。そのとおり、「𤔔」が「乱」、「亂」は「乱をおさめる」字だったのです。『論語』泰伯篇に「乱臣（世をおさめる臣下）」とあるとおりです。

しかし「乱をおさめる」と使えば、かならずその「乱」自体を言うことになるためでしょう、すでに孔子の時代に乱は「みだれる」の意味でも使われるようになっています。現在では乱を「乱をおさめる」意味に使うことは皆無でしょう。

［新字体について］　𤔔を舌に書くのは草書体で昔から用いられていた省略法です。それを新字体に採用。もちろん「舌」とはなんの関係もありません。

實
実
音 ジツ
訓 み・みのる

●もともとは「充実」の意味

［字のつくりと意味］ 宀うかんむりは家屋、廟をあらわします。貫は、貝の貨幣をつらぬいてつづったもの。または、周＋貝で財貨がいきわたる意味。いずれにせよ家屋や廟に供え物、財貨がゆたかにあるさまで、「みちる」意味をあらわしました。そこから中身が充実している、果実などの「み」、「みのる」。さらに心の充実、誠意から「まこと」、「真実」「事実」の意味にも使われます。

［新字体について］ 草書体で用いられた大胆なくずし字をそのまま新字体に採用しました。毌も貝もどこかへいってしまいました。

寫
写
音 シャ
訓 うつる

●寫眞館、活動寫眞、謄寫版

［字のつくりと意味］ 舄セキは、儀礼用の「くつ」。宀（廟）のなかでは「くつ」をはきかえるので、くつを「うつす」。また、舄は「おろす」で家のなかに物を「うつしおろす」意味といいます。もとの「移す」が「写す」の意味に変化しました。寫には「そそぐ」の意味もあり、「瀉」も「そそぐ」、もっぱら「吐《と》瀉《しゃ》」「止《し》瀉《しゃ》薬」と使われます。新潟の「潟」と間違えないように。

［新字体について］ こちらも草書体で舄を与と省略するパターンを新字体に採用しました。潟を泻とする俗字も見かけます。旧字体は宀ですので注意。

釋 釈

音シャク

擇 譯 驛 澤

●「ばらばら」の意味の「睪」

新字体ではいずれも「尺」にされてしまった「睪」ですが、どの字もバランスが悪く書きにくい字になりました。「沢」は姓では「澤」が優勢でしょうか。

[字のつくりと意味]　睪《エキ》は、獣の死体のさまといいます。罒が目、幸が手足の部分で、分解された獣の死体。そこから睪は共通の音（エキ、シャク、タク、ヤク）と「ばらばら」の意味をになう部分となります。釆は獣の爪のかたちで、獣の死体を獣が爪でさらにばらばらにすることから「解きほぐす」意味になりました。解き明らかにするので「解釈」、明らかにする言いわけが「釈明」です。また中国ではシャカムニの音写に使われて「釈迦牟尼」、お釈迦様ですね。釈迦の略称として釈一字でも使われます。「釈尊」「釈教」「釈氏」など。

睪を部分にもつ字を見てみましょう。

「擇（択）」は、ばらばらなものを手でよりわけて「えらぶ」です。「選択」。

「譯（訳）」は、言葉をばらばらにして別の言葉に組み替える「翻訳」。

「驛（駅）」は、長い道をつらねてばらばらとある「うまや」のことです。

「澤（沢）」は、字源ははっきりしませんが、水がつづく場所で「さわ」、うるおすの意味で「潤沢」「沢山」、つやがある意味で「光沢」などなど。

[新字体について]　睪の音を「尺」で置き換えるという方法でつくられています。銅鐸《どうたく》の「鐸」、演繹《えんえき》法の「繹」などは常用漢字ではないのでそのままの形です。

壽

寿　鑄

音ジュ
訓ことぶき

●見るだけで「おめでたく」なる壽

［字のつくりと意味］　篆文では、耂（老）＋𠷎。複雑な𠷎の部分は、ながくつらなる「うね（疇）」、また、そこに豊作を祈る祭器（口）を置くさま。老を加えて、人の命の長いさま、長寿を祈るさまで、そこから「ひさしい」「ことほぐ」意味となりました。命じたいをいうのが「寿命」「天寿」。言葉で祝うことが「ことほぎ」「ことぶき」です。金をつけると「鑄（鋳）」。金属をとかして長くつらねること。

［新字体について］　草書体の省略形です。祈禱の「禱」、範疇《はんちゅう》の「疇」、躊躇《ちゅうちょ》の「躊」はいずれも常用漢字にはふくまれていません。

從

従　縱

呉音ジュウ・ジュ
漢音ショウ
訓したがう

●人についてゆく人

［字のつくりと意味］　もとのかたちは从で、人のあとに人がしたがうさま。のちに辵（径《こみち》、ゆく）をそえて、「したがう」の意味の字になりました。「服従」「従順」。軍隊にしたがうのが「従軍」、ことにしたがうのは「従事」です。

「縱（縦）」は、あとにしたがう「たて糸」で「たて」。心にしたがうことから「ほしいまま」の意味ももちます。「放縦」「縦覧」。「縦横無尽」もこちらの意味合いが強いでしょう。

［新字体について］　単純な省略形ですが、もとの从の部分はなくなりました。

澁 渋

音ジュウ
訓しぶ・しぶい

●鷗外の史伝は『澀江抽齋』と本字

［字のつくりと意味］　もともとの字は澀。これは止が下向きに二つ、上向きに二つならんだかたちです。止は足あとのかたち。ゆきなやんで、足がすすまない様子です。氵（水）をつけて、水のためにすすめない、「渋滞」「ゆきしぶる」意味です。また、すすまない水、のどをとおらない水で「しぶい」の意味にもなりました。「渋柿」「苦渋」。「澀」は「本字」とよばれるもの。こちらが正式な字ですが、さすがに旧字体でも止を一つへらした「澁」が一般的でした。

［新字体について］　止二つを⺍に省略。同じ字が二つ並ぶときによく使われます。

獸 獣

音ジュウ
訓けもの

●犬は「猟犬」のほう

［字のつくりと意味］　嘼《キュウ》は單と同じといい、「はじきゆみ」の象形、また二本の羽飾りのついた盾の象形ともいいます。弓にしろ盾にしろ、これを使って狩りをします。ここの犬は狩りを助ける「猟犬」のことです。これで獸は「狩り」の意味、やがて狩の獲物「けもの」をあらわすようになりました。「禽獣」は鳥とけもの。「けもの」とは－毛もの」、あいだに－の」の意味の－だ」が入ると「けだもの」、「木のもの」は「くだもの」。

［新字体について］　吅をツに省略。単、厳なども同じ省略法です。

肅
粛
音シュク

●「淵」なのか「文様」なのか？

この字も字源説が大きく分かれます。「つつしむ」というような感情や抽象的概念をあらわす漢字にありがちなことなのです。どの説に信憑性があるでしょうか。

［字のつくりと意味］　字のつくりは聿イツ＋𣶒エン。まずは伝統的な説から。𣶒は水がめぐる様子で「ふち（淵）」。聿は「さお」を手にもつさまで、淵にさおさす。また聿は逸に通じて「はやい」。淵にさおさすことで「おそれつつしむ」（水神とかを想定しているのか）、淵の水の流れがはやいので「おそれつつしむ」、とこんな具合です。

こちらは白川静氏の説。𣶒は、規《き》（コンパス）でかいた文様のかたち。聿は手に筆記具をもったかたちで「ふで」（聿の解釈はこちらが一般的）。えがいた文様の輪郭を筆でしあげること。ものに文様をえがくことはそのものを聖化することなので、したがって「つつしむ」「うやまう」。いかがでしょう。どちらも、ですが、ほかの肅を部分にもつ字を考えたときには白川氏説に傾きます。

「刺繡」は、文様を「ぬいとる」ことです。「蕭条《しょうじょう》」は、ものさびしいさま。長くうそぶくことは「長嘯《ちょうしょう》」。さっぱり、すっきりしたさまは「瀟洒《しょうしゃ》」です。

［新字体について］　こみいると「米」の法則。肅以外は常用漢字にふくまれていませんのでもとの形です。繡を「繡」としたものをよく見かけます。

處 処

音ショ

●虎が腰かけている？

たとえば明治村、古い駅舎や店舗などで見かける字でしょう。「御休處」というのもありますね。今とは反対に「ところ」は、所より処のほうが優勢だったかもしれません。

[字のつくりと意味]　虎と几《き》を組みあわせたかたち。虎が横向きで几（腰掛）に腰かけている様子をあらわしていますが、虎は虎の皮を身につけた人で、威儀を正し、いかめしく腰かけているさまで、「おる」、そして「おるところ」。『説文解字』（181頁）では「処」を本字としてあり、夂は下向きの足、几に腰かけているさまで「おる」「おるところ」。現在では「ところ」の意味は「所」にゆずった感がありますが、動詞としては「処」はおおいに活躍しています。

「おる」から「とどまる」「（仕えずに）いる」の意味がうまれ、仕えずにいるのが「処士」「処女」、仕えるか仕えないかで「出処進退」です。ちなみに「処女」を「人が手をつけていない」「はじめての」という意味に使うのは英語virginにこの和訳をあたえたためでしょう。「処女地」「処女作」「処女航海」ですね。

「おく」から「とりさばく」の意味になり、「処置」「処分」「処理」「処断」「処世術」「対処」「善処」など、たいへんよく使われています。

[新字体について]　述べたように古い時代から「處」「処」ともに使われてきた字です。周代（紀元前十一〜紀元前三世紀）の金文では「處」の形です。

將 将 獎

音ショウ

●まさに来たらんとす

［**字のつくりと意味**］　爿＋肉（月）＋寸。爿は長い机のことで、調理台とも供物の台とも。寸は手の象形。肉を手でもち調理して神にささげるという意味です。その捧げ物をする人をさして「將」といいます。捧げ物は戦勝を祈願するためであり、そして軍を率いる人で「将軍」です。神に捧げ物を「すすめる」ので「獎（奨）」。漢文の再読助字としてもおなじみですね。「まさに…す」、まさに来たらんとするので「将来」。いまだ来たらずで「未来」です。

［**新字体について**］　爿を丬に省略。⺥は斜めの月のほうが書きやすいのでは。

稱 称

音ショウ

●もちあげて「ほめる」

［**字のつくりと意味**］　爯は、手で「てんびんばかり（冉）」をもちあげているさまです。禾は穀類。穀類をはかりでもちあげることで「はかる」です。「もちあげる」ことから「ほめる」「たたえる」意味になりました。「称賛」「称揚」「称美」。

「となえる」という意味もあり、「称名」。「よび名」という意味では「呼称」「別称」「称号」などです。

［**新字体について**］　爯の部分を尓に省略しました。ただし尓はふつう「爾」の省略体としてよく使われます。彌→弥、禰→祢などですね。

燒

焼

音ショウ　訓やく

堯　曉

●堯、曉、驍など人名で見かけます

［字のつくりと意味］　堯ギョウは、たいらな台の上に土（土器）が積み上げられている様子。火を加えて、窯のなかに土器を積み上げて、火で焼きあげることで「やく」。堯は「たかい」の意味をになって、ほかの字の部分にもなります。

「堯《ぎょう》（尭）」は中国古代の帝王、人名に使われて「あきら、たかし」。「曉（暁）」は日が上ってくるころで「あかつき」。「驍」は名馬のことで「驍将《ぎょうしょう》」など。ゆたかな意味は「豊饒《ほうじょう》」、とりかこむは「囲繞《いにょう》」、繞は「しんにょう」などの「にょう」。

［新字体について］　省略体として昔から使われてきました。尭は人名用漢字です。

證

証

音ショウ

●いまだに「證券会社」のところも

［字のつくりと意味］　言＋登で、下の者から上の者に申しつげること。だいたいその状況なら、身のあかしをたてる場合か、なにごとかを立証するためでしょう。したがって、證は「あかし」「しるし」。あかしをたてて明らかにすることが「立証」「証明」、そのためのよりどころになるのが「証拠」。ちなみに債権を証明するための証書が「証券」です。

［新字体について］　登を、音ショウをあらわす正に置き換えた形。昔から使われましたが、じつは「証」は「いさめる」という別の字があります。

條　条

音ジョウ

●「条件」は日本製の漢語？

［字のつくりと意味］　攸ュウ＋木。攸は人の背中に水を流してあらうさま。水の流れのさまで「ながい」。心をつければ、気長でゆったりしたさまの「悠然」、彡（あや）をつけると「修」で「かざる」「おさめる」となります。木がつくと「ながい」木の部分で「えだ」、そして「すじ」の意味です。「条文」とは「すじ（箇条書き）」の文、条文で約束するので「条約」です。「すじみち」の意味となって「条理」。あることが成立するための要件が「条件」で、どうやら和製漢語。

［新字体について］　右部分を使った省略体。竹をのせた「篠《しの》」の字はおなじみ。

乘　乗　剩

音ジョウ　訓のる

●「木登り」か「はりつけ」か

［字のつくりと意味］　古い字形では木に手足をのばした人（大）がついているかたちで、人が木に登っているさまとも、木に大の字にはりつけになっているさまともいいます。いずれにせよ木に「のる」こと。一般的には「乗り物」に「のる」こと、また、「機」や「勢い」、「調子」にも乗りますね。上乗せしてあまったものが「剰（剰）あまる」、「余剰」です。

［新字体について］　旧字体は禾を北ではさんだ形でちょっと書きにくいですね。手書きでは乗に省略されていました。乖離《かいり》の「乖」は別の字源の字です。

疊

畳　壘

音ジョウ　訓たたむ・たたみ

●塁の省略法との違いは

［字のつくりと意味］　畾＋宜。畾はもともとは晶で、多くのものが重なっているさま、また多くの宝石。宜は、まないたの上に肉が重なるさまといいます。肉の上にさらに多くのものが重なっているので「たたむ」。こんなに重ねなくてもと思うのですが。日本の「たたみ」は古くは敷物の総称。ふだんは畳んでしまっておくことから「たたみ」でした。

［新字体について］　畾を一つに省略しました。「塁」の旧字体は「壘」で同じ部分をもちますが、こちらは同じもの三つの二つを〆で省略するパターンです。

繩

縄

音ジョウ　訓なわ

●かえる、はえ、かめ

［字のつくりと意味］　黽は「かえる（蛙）」。ここから腹のふくらんだ動物をあらわす字の部分となり、蠅は「はえ」、鼈は「すっぽん」または鼈甲《べっこう》をとるタイマイ。それに糸がつくとどうして「なわ」なのか。なわの「より」の部分がふくらんでいるからとも、黽（蠅）によじれるの意味があるからともいいますが、よくわかりません。

［新字体について］　中国でも古くから使われた省略体です。黽を同じように省略した擬似新字体の蝿、竃（竈かまど）を見かけますが常用漢字ではありません。

壤
壌
音ジョウ

嬢穣譲
醸

●襄は「ふくらむ」「はらいきよめる」

「ジョウ」と聞くと、嬢、穣、譲、醸などの字がぱっと思い浮かびますね。このイメージ力のある音と「㐮（襄）」の部分はなにをあらわしているのでしょうか。

[字のつくりと意味]　襄ジョウは、衣のあいだに吅と工が（四つ？）はさまっています。この部分は呪器だとされています。（死者の）衣に呪器をいれて襟をあわせたかたちで、悪霊をはらいきよめる、そして衣服の胸もとがふくらんでいるさま。

土を加えると、耕されてふっくらふくらんだ土、「土壌」です。

襄を部分にしてさまざまな字がうまれています。

「嬢（孃）」は、胸のふっくらふくらんだ女、「お嬢さん」です。

「穣（穰）」は、土壌に植えられてふっくらみのった穀物のことで「みのる」、「豊穣」です。穣は人名用漢字の新字体です。

「譲（讓）」は、言（ことば）ではらいきよめることで、そこから「へりくだる」「ゆずる」の意味になりました。「謙譲」「譲渡」。

「醸（釀）」は、酉さけのとり（酒）を加えて、酵母がふくらんで熟することで、酒を「かもす」、「醸造」です。

[新字体について]　吅をハと省略した形。したがってここは六ではありません。尊王攘夷《じょうい》の「攘はらう」、「嚢中《のうちゅう》の錐《きり》」と使う「嚢ふくろ」などは常用漢字にふくまれていませんのでそのままの形です。

眞

真

音シン
訓ま

愼鎭槇

●いっぱいの鼎、はたまた「死者の霊」

この字も字源についての説が大きく分かれます。白川静氏の説をもちいるならば、眞を部分にもつほかの字についてもみごとに謎が解かれるのですが……。

[字のつくりと意味]　眞を、匕《ヒ》（さじ）＋鼎《かなえ》ととらえれば、鼎にさじでものをいっぱいにつめるさまで、もののつまった「ほんもの」「まこと」の意味となります。白川氏説では、匕《カ》＋県。県は80頁で述べたように、死者の首がさかさまにかけられているさま。匕は人をさかさまにしたかたち。これで眞は顛死《てんし》者（行き倒れの死者）の意味となります。死者はもはや変化することのない、永遠の世界にすむ者なので永遠不変の「まこと」の意味、ここに古代人の弁証法的な思惟があると白川氏は言います。眞を部分にもつほかの字はシンの音による字と解釈されてきたのですが、白川氏説でしっかりと意味づけされます。

「愼（慎）」は、悲運の死者の霊の瞋《いかり》を「つつしんで」しずめる。「つつしむ」の意味で「謹慎」「慎言」、そして「慎重」です。

「鎭（鎮）」は、同じく「しずめる」。「鎮魂」「鎮静」「鎮圧」、そして「しずめ、とどまる」のが「鎮座」、おもしとして「重鎮」「文鎮」。

ほかの眞を部分としてもつ字は、瞋恚《しんい》（いかり）の「瞋」、顚倒の「顚」、損失補《ほ》填《てん》の「塡」、山巓《さんてん》の「巓」、日本の樹名の「槇《まき》（槙は人名用漢字）」などです。

[新字体について]　中国で六朝時代（四〜六世紀）から使われていた省略体です。

盡

尽

音ジン
訓つきる

●部分にした「儘」がおなじみか

[字のつくりと意味]　聿イツは「はけ」を手にもっているかたちで、はけで皿を清めている様子。灬は、はけの毛とも水滴とも。皿をはけで清め、洗い「つくす」意味になります。「尽力」「尽日」「無尽蔵」など。亻(人)をつけた「儘」は「ままよ」の意味で「気儘《きまま》」「我儘《わがまま》」と使われます。余燼《よじん》の「燼」は、焼盡(燃えつきる)のあとの「燃えのこり」のこと。つい「焼燼」と書きそうですが間違い。

[新字体について]　昔から使われていた省略体ですが、どうしてこの形なのかよくわかりません。「晝→昼」と同じ省略法です。

圖

図

呉音ズ
漢音ト
訓はかる

●「名所圖會」「圖書館」など

[字のつくりと意味]　啚ヒは穀物倉の象形。囗は「かこい」で、穀物倉のある区域やその境界をあらわします。そこから区域をあらわすための図面・地図の意味になりました。「版図《はんと》」は戸籍と地図の意味、その地を管理するので領土のことになります。また図面によって計測するので「はかる」。やがて意味は意図・計画のほうへ移ってゆきました。「企図」「壮図」「図謀」など。

[新字体について]　囗のなかに図と省略。音ヅ(本来の音はズではなくヅ)ではないかと思います。⿴囗卜(図書館)という省略も似たようなものですね。

隨

随 音ズイ

髓 墮

●「䏞」をもつ字のあれこれ

新字体では有と省略される䏞の部分は「神にささげられた肉」の意味だとされます。肉をそなえて神にしたがう、そなえた肉がくずれおちる、さまざまな解釈があってなかなかやっかいです。

［字のつくりと意味］　左は、手に呪具（工）をもつさまで、月は肉。阝は48頁でもふれたように、神が天に昇り降りする階段のこと。神の階段に肉をそなえ、神に「したがう」、それに足で行く、道などを意味する辶《しんにょう》をそえて「つきしたがう」「よりそう」の意味となります。「随行」「随従」「追随」です。意にしたがうので「随意」、筆にしたがうと「随筆」、所にしたがって「随所」です。

中国の王朝「隋《ずい》」（六〜七世紀）は、北周の隨国公だった楊堅《ようけん》が天下を統一して国号を定めるときに辶をきらって外した字だといわれます（そのためにすぐ滅亡してしまったとか）。

そなえものの肉はやわらかいので、骨の中のやわらかい組織が「髓（髄）」です。「骨髄」。物事の中心が「神髄」です。

山盛りにされた肉がくずれおちるのが「墮（堕）おちる」。「堕落」です。心がくずれおちて緊張がなくなると「怠惰」、「惰」は、おこたる。

細長くくずれた形の円なので「楕円」です。

［新字体について］　䏞を有にしたりしなかったり。惰は常用漢字です。

辶しんにょうの点について①

「辶しんにょう」について述べてみます。

そのそも「辶」は「辵」の省略形で、道・遠近などをあらわす部首です。明治時代に最初に活字をつくるときに、『康熙字典』にあわせるかたちで二点「辶」の形で鋳造されたものです。彡の上二点を置き、三点目を左から入る三画目にした形で、これが明朝体でのデザインです。新字体があらわれるまで、すべての辶はこの形でした。

そして戦後の新字体作成のさい、当用漢字表に入れられた辶を部首にする字はすべて一点がはぶかれました。これが一点「辶」の誕生です。したがって、新字体に対応する旧字体はいうまでもなく、当用漢字表（現在の常用漢字表）にふくまれていない字は、すべて二点しんにょうであると認識してください。

さて問題は平成二十二年の常用漢字表の改定でした。新しく採用された一九六字が一部の字を除いてもとのかたちのままで、新字体化されなかったのです（詳細は39頁参照）。辶をふくむ字としては、遡・遜・謎の三文字です。

ここにいたって、常用漢字にふくまれている新字体の一点しんにょう、ふくまれているが二点しんにょうのままの三文字、そして常用漢字にはふくまれない、もとのかたちのままの二点しんにょうの字という三系統ができてしまったことになります。

常用漢字表の改定については39頁で述べたとおりですが、この辶の「点問題」については当時なにかと話題になりました。誤解とそれにもとづいた的外れな意見も多かったのですが、それについては②（130頁）で述べてみます。

數 数 樓

音スウ　慣用音ス　訓かず・かぞえる

●結い上げた女の髪をたたく？

［字のつくりと意味］　婁ロウは女が髪を巻いて高く結い上げているさま。そこから、とぎれなくつづく意味ともいいます。攵は攴で「たたく」。結い上げた女の髪をたたいてくずすと、乱れて、かぞえられないほどになるので「かず」「かぞえる」。コツコツとたたくことをつづけるので「かぞえる」だともいいます。

高く巻き上げるように階を重ねた建物が「樓（楼）」、たかどの、「楼閣」です。

［新字体について］　こみいると米に省略のパターンです。縷々《るる》説明するの「縷」、彫心鏤骨《るこつ》の「鏤」、螻蛄《おけら》の「螻」は、常用漢字ではありません。

聲 声

漢音セイ　呉音ショウ　訓こえ

●楽器の音が聞こえる

［字のつくりと意味］　殸ケイ＋耳。殸は、石製の古代楽器「磬《けい》」。磬を打ち鳴らす高い音が耳にとどくことで「こえ」。声は、物の高い音響、動物の鳴き声、そして人の声などを広くあらわします。また「ことば」の意味も。

人の声の「肉声」、鐘の音は「鐘声」、発砲音は「銃声」、風の音は「風声」、秋のけはいのような音が「秋声」です。ことば・評判の意味では「名声」「声望」など。仏教語では呉音ショウを使って「声聞《しょうもん》」「声明《しょうみょう》」など。

［新字体について］　手書きで広く使われていた俗字を新字体に採用しました。

齊 斉

音セイ

齋 濟 劑

●齊藤・斉藤、齋藤・斎藤

知り合いの名字がどの字か迷った方も多いのではないのでしょうか。ほかの別字もふくめてさまざまに書き分けられていますが、もともとは伊勢の斎宮を掌管する「斎宮寮」の頭《かみ》を務めた「藤原氏」＝斎藤に由来するものです。

［字のつくりと意味］　齊は、穀物の穂が三本はえそろっているさま、また簪《かんざし》が三本そろっているさまといいます。周代の金文ではそのかたちがはっきりしています。それで「そろう」「ひとしい」の意味になりました。「一斉」「均斉」「斉唱」など、そろえて行うこと、ととのっていることをあらわします。

「齋（斎）」は、齊に示を加えた形で、示は祭壇の卓のかたち。穀物の穂をそろえて祭壇にのせる、また簪をさした女が神に奉仕するかたちで「ものいみ」「いつき」の意味になります。さきほど述べた「斎宮」は伊勢神宮に奉仕した未婚の内親王のことです。「斎戒沐浴」もよく使われることばです。「斎場」は本来、神をまつる清められた庭の意味でしたが今ではすっかり葬儀の式場の名称ですね。

齊を部分にもつ字として、「濟（済）」は水をわたる、したがって「ととのえ、おわる」で「すむ」。「劑（剤）」はひとしく切りそろえる、のちに「薬剤」の意味に使われるようになりました。

［新字体について］　亠の部分を文に省略した形。まあもっともだと思わせます。「臍《へそ》」の字は常用漢字ではありません。

竊 窃

音セツ

●コクゾウムシか

［字のつくりと意味］　穴＋米＋禼。禼は虫があつまるさまとも穀象虫ともいいますがはっきりしません。穴倉の米を知らないうちに食い荒らす虫（食って穴をあける？）のことから「ひそかにぬすむ」「ひそかに」の意味になりました。「窃盗」がよく使われますが、「窃視」「窃笑」など、ひそかに見たり、笑ったりという場合にも使われます。

［新字体について］　下の複雑な部分を、音セツをあらわす「切」に置き換えた形です。六書《りくしょ》（181頁参照）のうちのいわゆる形声を用いた省略法です。

攝 摂

音セツ

●天皇の代行が「摂政」

［字のつくりと意味］　聶ショウは、耳をそろえる、ささやく（囁）。扌（手）をつけて、ちいさなものをとり集める、手でそろえてもつの意味になりました。「とる」「たすける」、そして「かねる」「かわる」。「摂取」はとりいれること、「包摂」はつつみいれることとです。「摂政」は天皇に代わって政を執り行うこと。「摂理」はキリスト教で神の意志・恩恵のことで、万物を支配する法の意味にも（和製漢語か？）。

［新字体について］　三つ同じ部分があると二つを〆にするというパターン。「澁→渋」「壘→塁」と同じ省略法です。

專

専

音 セン
訓 もっぱら

傳 團 轉

●共通する「まるい（運動）」

専もさることながら、傳、團、轉など専を部分にする旧字体は見かけたことも多いのではないでしょうか。いずれも共通する音と意味をもつ字です。

［字のつくりと意味］　叀は「いとまき」また「口を閉じたふくろ」をあらわします。寸は手のかたち。これで糸巻きに糸をぐるぐる巻く、または袋の中のものを手で丸めることをあらわす字になります。そうした作業をひたすらおこなうので「もっぱら」の意味をもちました。「専念」「専門」「専攻」です。

専が部分になると「まるい」という共通する意味をもつ字になります。

「傳（伝）」は、人から人へ事物がめぐることで「つたう」です。

「團（団）」は、専にさらに囗（めぐる）を加えて「まるめる」そして「（まるい）かたまり」の意味。「団子」、「団体」「団結」、「団欒」。

「轉（転）」は、車がまるくめぐり「ころがる」ですね。「回転」「運転」、「うつる」意味になって「移転」「転向」「転機」など。

［新字体について］　専のムにあたる部分を省略しました。その結果、博や薄、簿などの「専ㇷ」の部分とよく似てしまいました。旧字で書く場合の「傳」と「傅」がよく間違われています。部分としての専は「叀」の省略形「云」で置き換えられましたが、團だけが、専の下の「寸」で置き換えられています。これで専と、伝・転、団とのあいだの関係性は失われました。

淺
浅
音 セン
訓 あさい

●戔を部分にもつ字に共通するもの

「淺草寺」「天井棧敷」と旧字が使われているとほっとした気分になるのは筆者だけでしょうか。戔の省略形「戋」がなんとも落ち着かないからだと思うのですが。

[字のつくりと意味]　戔セン は、戈《ほこ》をかさねて、薄い戈が積み重なっている様子。「うすい」「(うすいものが)つみかさなる」の意味。戔を意味と音(セン・サン)をになう音符として多くの字がうまれています。氵(水)をつけると、うすい水で「あさい」です。水の深さだけではなく「浅学菲才」「浅慮」「浅知恵」とひろく使われます。

「棧(桟)」は、うすい板を並べた「かけはし」「桟橋」。うすい板を敷きつめると「桟敷《さじき》」です。細い木の骨組みで障子の「桟」です。

「殘(残)」は、歹がそもそも屍、うすくのこされた残骨の意味で「のこる」。「残骸」「残照」「残念」。「むごい」の意味で「残酷」「残虐」です。

「踐(践)」は、足あとがつみかさなるで「ふむ」、先に歩いた人のあとを「ふみ、おこなう」。「実践」「践祚《せんそ》」。

「錢(銭)」は、うすい金の板、古代には刀のかたちの刀幣というものもありました。「銭貨」「金銭」です。ちなみに銭の漢字音センが変化してセニ、「ぜに」となりました。

「箋」は竹のうすいふだのこと。今は紙片で「付箋」「処方箋」など。平成二十二年に追加された常用漢字で旧字体のままです。

戔を部分にもつほかの字をあげてみます。

「賤」は、貝（財貨）を少し（うすく）しかもっていないので「いやしい」。「卑賤」「下賤」。和語では「しず」と読んで、「賤が家」「賤ヶ岳」。

餞別《せんべつ》の「餞」は「はなむけ」。こちらは少ない食べ物ではなく「つみかさねた」食べ物でしょう。一説には「践」に通じて旅に「ふみだすこと」からとも。

「盞」は「さかずき」。「一盞《いっさん》をかわす」などと使います。

［**新字体について**］　戔を戋の形に省略しました。活字だとどうにも格好悪いと思います。賤、餞などは常用漢字ではないのでもとの形のままです。

潜

潜

音セン
訓ひそむ・もぐる

●潜水艦は水に「もぐる」「ひそむ」？

［**字のつくりと意味**］　朁《サン》は、ひそかにのろう、また、ひそかにおこなう、そして、かくれるの意味。氵（水）をくわえて「もぐる」「ひそむ」の意味になりました。「潜水」「潜伏」「潜在意識」など。同じ朁を部分にもった「僭」は「おごる」「おかす」の意味。「僭越《せんえつ》ながら」「僭称」「僭主」（君主の位を奪った君主）などと使われます。
［**新字体について**］　朁の先を夫に置き換えました。もちろん「替《かえる》」とは関係ありません。賛（贊）の上部とも同じになってしまいました。

桟残践銭

纖 繊

音セン

●みじん切りの韭《にら》

[字のつくりと意味]　韱は、从＋戈が、みじん切りにする。韭は、にら。みじん切りの韭のように細いものの意味で、糸をつけて「糸すじ」。「纖維（本来、纖維は生物体の中の糸のような組織のことで神経纖維など）」。「纖細」。

ほかの韱を部分にもつ字は、殲滅《せんめつ》の「殲」、みじん切りに、みなごろしにする意味。竹を細くにらのように削ったものなので「籤《くじ》」です。

[新字体について]　中国でも古くから筆写体ではこの形に省略されていました。折衷案のような「繊」という俗字も見かけます。

雙 双

音ソウ　訓ふた

●「雙眼鏡」、「隻眼」は伊達政宗

[字のつくりと意味]　二羽の隹（鳥）を、手（又）にもっているすがたです。ここから「ならぶ」「ふたつ」の意味です。鳥が一羽だと「隻セキ」。旧字体だと一瞬とりちがえることがあります。「双璧《そうへき》」は並び立つ二つの璧《たま》、「無双」は並ぶものがないことです。「双子」「双葉」はそれぞれが二つ。ゲームの「双六《すごろく》」は中国渡来で七世紀当時の漢字音が名の由来とされています。

[新字体について]　又（手）を二つにした大胆な省略法です。昔から使われていた俗字で、なるほどこれでよいかとも思わせます。

爭

争

音 ソウ
訓 あらそう

淨　靜

●棒のとりあい

爭を部分にもつ字として、淨、靜、諍、箏などがありますが、それぞれの爭はちょっと意味が違うようなのです。

［字のつくりと意味］　よく見ると、爫＋彐（又）のあいだに丨がはさまれているかたちです。これは一つの棒を、上下から手で引きあうさま。これで「あらそう」の意味の字になりました。ちなみにこのように記号化された文字要素を組みあわせて新たな字をつくる方法を「会意」（181頁参照）とよびます。

さて「諍」はわかりやすいですね。言葉であらそうので「いさかい」です。

「淨（浄）」「靜（静）」は同じ爭を部分にしていますが少々その意味が違うといいます。ここで上下の手でもつのは「力（耒ライ、すきのこと）」で、農具の「すき」を手にもって清める一種の儀礼をあらわします。氵（水）で清めると「淨」、「きよい」です。青丹《あおに》から作った絵具（青）で清めることが「靜」で、「おだやか」「しずか」の意味になったといいます（白川静氏説）。

「箏」は、左右から糸を引っ張った、竹の楽器の意味で「こと」、「箏《そう》のこと」。

錚々《そうそう》たる顔ぶれと使う「錚」は金属のぶつかる音をあらわした擬音語です。

［新字体について］　爫をクに省略。ほかの爫をもつ字ではだいたい⺥の形で、あまりクは見かけません。筆写体では、浄、静はクに省略されているものがありますが、争では少ないようです。

搜

捜

瘦　插

音ソウ
訓さがす

●「叟」は「としより」?

[字のつくりと意味]　叟ソウはもとは叜の形で、廟のなかで手に火をもつさま。廟で祭祀をおこなうので長老の意味をもちます。三番《さんば》叟《そう》の「叟」ですね。扌（手）を加えて、手に火をもって「さがす」の意味になりました。「捜索」「捜査」。また病にふしたとしよりが「瘦（痩）」、「やせる」です。この字は平成二十二年に新字になりました。ちょっと似ている「插（挿）」は臼に杵をさしこんでいる様子で叟とは関係ありません。

[新字体について]　叟の上部を申に置き換えてあります。

曾

曽

音ソウ
慣用音ソ・ゾ

●「こしき」を積みかさねる

平成二十二年に新字になって常用漢字に入りました。ほかの字の部分ともなって大きなグループをつくります。音と意味は共通して明瞭です。

[字のつくりと意味]　曾（55頁）でもふれたように、曽は鍋に蒸籠《せいろう》をのせた調理器具「こしき（甑）」です。八は湯気のあがるさま。饅頭の蒸籠でおなじみのように蒸し器は積みかさねて使用するので「かさねる」の意味がうまれました。ただし「曽」単独で使われるのは音を借りた「かつて」「すなわち」と読む副詞、曽孫・曽

層増憎
贈僧

祖母などの親族用法、木曽・曽我といった地名人名の音写用ぐらいでしょう。ただし、曾はその音と意味をになって多くの字の部分に使われます。

「層（層）」は、尸が居の意味で、積みかさなった建物「たかどの」。また「かさなる」「かさなったもの」。「層閣」「層雲」「階層」「高層」。

「増（增）」は、土が積みかさなって、ゆたかに「ふえる」「ます」です。「増加」「増殖」。つけあがるのが「増長」（仏教語「増上慢」に由来するか）。

「憎（憎）」は、心が重なり積もり「にくしみ」「にくむ」。「憎悪」「愛憎」。

「贈（贈）」は、相手に金品（貝、財）を積んで増やす、したがって「おくる」。「贈与」「贈呈」「贈位」「贈り物」。賄賂を贈るのが贈賄、受けとるのが収賄。

「僧（僧）」は、曾の音を借りただけで意味は関係ありません。梵語 sangha の音訳が「僧伽《そうぎゃ》」、仏教に帰依して修行し、これを広める集団のことで、個人をさして「僧」です。「僧侶」「僧俗」「僧堂」「高僧」「尼僧」。

常用漢字にはふくまれていませんが、よく使われるのが味噌の「噌」です。噌は「かまびすしい」という意味の字ですが、「みそ」に漢字を宛てようとして味の口偏とそろえたと思われる一種の国字です。

［新字体について］　新字体「曽」は古くから使われてきた省略体です。平仮名「そ」のもとになったことからでもおわかりでしょう。ただし新字化については多少の経緯もありました。平成十六年の大量の人名用漢字追加で「曾」を採用、二十二年の常用漢字改定では人名用漢字から移行され、新字「曽」にされました。二十二年改定で新字化された数少ないうちの一字です。

總

総　聴

音ソウ

●上総・下総の「ふさ」

［字のつくりと意味］　悤ソウは束の意味といい「たばねる」「つかねる」。糸をたばねるで「ふさ」、そこから「すべる」「すべて」の意味になりました。「総髪」「総理」。古代の千葉県は「総《ふさ》の国」。分割して上総《かずさ》・下総《しもうさ》・安房《あわ》。現代表記では「惣」「綜」の書き換えに用いられ「惣領→総領」「綜合→総合」となっていますので旧漢字表記のさいには注意が必要です。人名用漢字の「聡」の旧字体も「聰」です。

［新字体について］　昔からあった省略法です。窓の正字体に「窗」、別体に「窻」がありますのでその関係と同じといえます。

騷

騒

音ソウ
訓さわぐ

●かゆくて馬がさわぐ

［字のつくりと意味］　蚤ソウは昆虫の「のみ」。叉テンは爪《つめ》の象形。虫を加えて、爪でつぶす虫、または刺されたあとを爪で掻く虫の意味といいます。馬に蚤で、蚤に刺されて馬が「さわぐ」という字になりました。また、蚤のように馬がはねるので「さわぐ」だともいいます。「騒然」「騒乱」「騒々しい」ですね。「掻」はおわかりのように蚤に刺されたあとを「かく」です。

［新字体について］　蚤から点を二つとってしまいました。せっかくわかりやすい字源だったのに残念です。「蚤」「掻」は常用漢字ではないのでもとの形のままです。

藏 蔵 臟

音ゾウ
訓くら

卽 即 節

音ソク

●かくしておく場所？

［**字のつくりと意味**］　臧ソウ＋艹くさかんむり。臧は戕（ほこ）＋臣で、もともと「よい」の意味ですが、どうしてかわからないのですが「かくす」の意味ももちます。貝をつけて、法律では「贓物《ぞうぶつ》」（窃盗などで「かくし」もっている他人の物品）と使われます。艹をつけて、かくす場所、そしてたくわえておく場所で「くら」です。藏に月（肉）をつければ体の中にかくされている「臟（臓）はらわた」です。

［**新字体について**］　爿は新字体になると丬の形にされるのですが点を全部とられてしまいました。戕との関連は意識されなかったのでしょう。

●そのとおり「即席めん」

［**字のつくりと意味**］　「既」（66頁）で述べたように、皀は𣪘キで食器に盛られた食べもの。卩は人がひざまづくすがた。これで人が食卓に向かって「つく」の意味になります。席につくので「即席」、位について「即位」。席についてすぐ出てくるの意味から「ただちに」「すなわち」の意味ももちます。「即座」「即時」。

「節（節）」は、ひざまづく関節に竹をつけて竹の「ふし」。くぎり、順序の意味から「礼節」「使節」「季節」「節約」などさまざまな意味がうまれています。

［**新字体について**］　既と同じように皀を艮に省略した形。66頁を参照ください。

屬

音ゾク

属　囑

●雄雌の獣のつながり

［字のつくりと意味］　尾＋蜀でできています。尾の省略法は「犀《サイ》」と同じです。蜀については白川静氏の説にしたがって解釈します（詳しくは「獨」138頁参照）。尾が雌の獣、蜀が雄の獣。雄雌の獣が交尾して「つらなる」ことです。「つらなる」から「つづく」の意味もうまれています。「属する」「属国」「付属」「従属」「帰属」。屬を部分にもつ「囑（嘱）」は口で人に頼むこと。「嘱託」です。

［新字体について］　さすがに複雑なので中国でも古くから草書体でこの形に省略されていました。旧字体のままの「矚」（目で見る）の字もたまに見かけます。

續

音ゾク　訓つづく

続

●賣（売）ではないので要注意

旧字体のうちでも續・讀、そして瀆・贖は目にする機会が多いのではないでしょうか。ただし共通する「𧶠」は「賣」ではありません。

［字のつくりと意味］　𧶠《ショク》は、先＋囧＋貝。この部分についてなにか説明ができるとよいのですが不明です。『説文解字』に「連なるなり」とあって「屬（属）」に通じるということしかわかりません。ただし字源から四の部分が罒ではないことがわかります。𧶠が「つらなる」なので、糸をつけて「糸がつらなる」、したがっ

讀

て「連続する」「つづく」の意味になりました。「続行」「継続」。正編につづくので「続編」です。書名では慣習的に漢音ショクが使われて『続日本紀《しょくにほんぎ》』。

「讀（読）」は、言葉がつづくで「よむ」。「読書」「音読」。「読経《どきょう》」は「どくきょう」の変化した形。「句読点」のトウの音もあります。

冒瀆《ぼうとく》の「瀆」は、氵（水）のつらなりで細い水路、どぶ。よごれた水のことから「けがす」の意味です。贖罪《しょくざい》の「贖」は、金品を交換する、金で罪を「あがなう」。気持だけでは贖罪にはならないことになります。

[新字体について]　賣を、賣の新字体「売」で置き換えました。新字を旧字に戻すときに間違えないように。瀆、贖はもとの形のままです。

對　対

漢音タイ　**呉音**ツイ

●二つ向きあうと「つい」

[字のつくりと意味]　左は丵＋土、右の寸は手のかたち。丵は先端がぎざぎざの「のみ」のような道具。鑿《のみ》、撲《うつ》、業の字にもふくまれる要素です。土塀・土壁を打ち固める作業をあらわしていて、したがって「むかう」です。向きあう相手と自分で二人、「つい」ですね。「対決」「対面」「対応」「対象」、そして「一対」「対句」。

[新字体について]　左側を文に省略。又にする形もありました（中国の簡体字は対です）。草書のくずしでも文にはならないので由来がわかりません。

體 体

呉音タイ
漢音テイ
訓からだ

●旧字と新字が違いすぎだが

小説などで「からだ」と読ませる字に「躰」「軆」「骵」さらに「軀」が登場します。どうも順列組合せという感じがありますが……。

[字のつくりと意味]　豊《レイ》は、儀式などに使う「たかつき」。「ゆたか」の「豊」は旧字では「豐」で別の字です（154頁）。豊は「醴《あまざけ》」「禮（礼）」に通じて祭祀に関連する字です。骨を加えて、いけにえの動物の「からだ」、また豊を多くあつまる意と解して、骨が多くあつまった「からだ」であるともいいます。

中国でも古い時代から、躰、軆、骵、体などの俗字が通用してきました。ただしこのなかで「体」だけはもともと別の字でした。粗笨《そほん》の「笨」と同じ意味で「あらい」の意味です。画数が少ないのと「人」の「本」という会意文字（181頁）ふうの意識があいまって、もっとも通用する字になったようです。

「からだ」の意味で「身体」「体格」「体軀」、「かたち」や「ありさま」では「形体」「本体」「体制」、「身につける」意味で「体験」「体得」となります。

日本製のことばでは漢音テイが使われて、「体裁」「這《ほ》う這《ほ》うの体《てい》」「体《てい》たらく」と、外からの見かけという意味合いでよく使われます。

小説のなかに登場するさまざまな「からだ」の字については、登場人物の体格・体質で使い分けられているのかもしれませんね。

[新字体について]　通用の俗字「体」を採用。述べてきたとおりです。

臺 台

呉音ダイ
漢音タイ

●別の字なので使い分けに注意

皇族の臨席は「台臨《たいりん》」、左大臣藤原頼長《ふじわらのよりなが》の日記は『台記《たいき》』、これらは旧字で書いても「臺」にはなりません。臺と台はもともとは別の字です。

［字のつくりと意味］　高の省略形と至が組みあわさった形です。高きに至るで「物見の台」「うてな（見晴らしのよい高殿）」の意味。至を土地を占う神聖な矢のいたった場所という説もあります（白川静氏）。高い建物「台閣」「台観」、そのような台地「高台」、中央官庁をいう「台省」「台所《だいしょ》」（日本の台所はもともとは台盤所で宮中の調理場）、ものをのせる台「台座」「砲台」、仕事のもとになるもので「台帳」「台本」など。また機械や車輛を数える助数詞。

一方の「台」は、農具の「くわ」を清める意味といいます。そこから「心やわらぐ」「よろこぶ（怡）」の意味になりました。また北極星を守る星の名（三台星）から、三后（太上・太・皇后）と皇族、または三公（太政・左・右大臣）をあらわす字になっています。

ちなみに艹《くさかんむり》をつけて「薹」と「苔」。薹は「蕗の薹」「薹がたつ」の「とう」、苔は「こけ」です。もう一つ、台風を旧字で書こうとしても「臺風」にはなりません。これは「颱風」の書き換え字です。

［新字体について］　昔から略字・俗字として通用してきましたが述べたように本来は別字です。旧字での使い分けにご注意ください。

擔 担

音タン 訓かつぐ・になう

膽

●旦が詹とはかぎらない

元旦の「旦」は「朝」、太陽が地平線からのぼるさまです。わかりやすいですね。タン系統の音をになってさまざまな字の部分になっていますが、この新字のように少々事情が異なる場合もあります。

[字のつくりと意味] 詹《セン》は、⺈＋八＋言。⺈は屋根の棟からひさしがながれるかたち。言はことば、八は反響するさまといい、ひさしの下で話し声が反響することで「くどくど言う」の意味だといいます。ただし、檐、簷のようにただ「ひさし」「のき」をあらわす部分にも使われます。

扌（手）を詹につけると、ひさしのように腕をかざして「になう」「かつぐ」の意味になります。儋も同じ字。「担架」「加担」そして「担当」。「担保」は債権の弁済を確保するための手段となるもののことです。

月（肉）をつけると「膽（胆）」。肝臓をひさしにしている臓器で胆囊。ひろく「きも」とも使って「胆力」「大胆」、臥薪嘗胆《がしんしょうたん》の「嘗胆」は苦い胆を嘗《な》める。

ほかに詹を部分とした字には、蟾蜍《ひきがえる》の「蟾《セン》」、譫言《うわごと》の「譫《セン》」などがあります。

[新字体について] 詹を同音の旦で置き換えました。よくある省略法なのですが、旦を部分にもつ字との混乱が生じました。平坦の「坦」、ただしの「但」、左袒《さたん》の「袒」などは旦が「たいらか」の意味をになない、もちろん詹とは関係ありません。

單

単 音タン

彈戰禪

●なぜ、「ひとつ」なのか

単独、単身、単語と「ひとつ」の意味で使われる「単」ですが、字源も部分となったときの意味もわかるのですが、「ひとつ」の由来がよくわかりません。

[字のつくりと意味] 單は、さきがふたまたになった「はじき弓」の象形。丸石などを竹の弓に張った弦ではじき飛ばす、いわゆる「ぱちんこ」です。また一説には二本の羽飾りをつけた盾。このように「いくさ」に関係する字で、昔は一隊を單、三單を軍としたので單は「一」。また單は殫（つきる）に通じ、あまりがないので「一」などという説がありますが釈然としません。單を部分とする字を見てみましょう。

「彈（弾）」は、さらに弓を加えて弾き弓、そしてその「たま」。「はじく」、弦楽器を「ひく」。

「戰（戦）」は、戈《ほこ》を組みあわせて「いくさ」。また「おののく」「そよぐ」。

「禪（禅）」は天子が位を譲ることで「禅譲」。禅は天子が天地の神を祀る（封禅）祭壇。梵語dhyāna の音訳「禅那《ぜんな》」に使われて、仏教の「禅」です。

忌《き》憚《たん》の「憚」は弾いて「きらう」、「はばかる」。「蟬」は翅をすりあわせて鳴くので「せみ」。「簞」は單が「ひらたい」の意味で竹の「わりご」。「簞笥《たんす》」。

[新字体について] 吅をツに省略した形です。厳と同じパターンです。憚、蟬、簞は常用漢字にはふくまれていません。

遲 遅

音チ　訓おそい・おくれる

●サイがヒツジにかわった？

［字のつくりと意味］　動物の犀《サイ》に辶（道）を加えて、歩くのが「おそい」。なんだか簡単すぎますね。一説に、遲の古字は「遟」、犀は罪人を背中からいましめる刑具で、歩行が困難なので「おそい」ともいいます。「遅刻」は時刻におくれる、「遅日」は日時におくれるのではなく、日の暮れるのがおそいことで春の日のことです。幼稚の稚を「穉」とするのは旧字体ではなく異字体です。

［新字体について］　犀のなかを羊に換えました。昔から使われてきた省略体です。羊は「おそい」か？　のびやかにはねる子羊をあらわした字は「達」です。

癡 痴

音チ

●痴呆から認知症に

［字のつくりと意味］　疑は、つえをつく人が行き惑うすがたの象形。行くか戻るか思い悩むので「うたがう」。疒（病）を加えて、そうした精神の状態の病気で「おろか」です。かつていわれた「痴呆」の状態をさします。「痴漢」「愚痴」、書物に耽溺する人は「書痴」。

［新字体について］　チの音を知で置き換えた省略体で一般的にも使われていました。疒《やまいだれ》の字はなかなかすごいものが多いのですが、この新字体は「痴呆」を意味不明瞭の「認知症」に言い換えたことにどこか似ています。

旧字あれこれ

辶しんにょうの点について②

平成二十二年の常用漢字表改正の際、ずいぶん大きくとりあげられたのが「辶」の一点か二点かの問題でした。新しく常用漢字に入れられた字が新字体化されずに採用されたからです。それまでの常用漢字はイコール新字体とされていたので、「辶」はすべて一点の「辶」に作りかえられていました。それが二点のままなのでは教育現場で混乱をきたす、などと声があがったのです。

さて「辶」を通常の筆写で書くときにどう書くでしょう。もともと「辵」の省略形ですから、一点を打って、左から入り（これが二点目）、ニョロをつけて右にはらっていくのではないでしょうか。そもそもこのニョロが一点分です。教科書体や筆写に近い形の活字ではこの形になっています。二点しんにょうはニョロをなくした明朝体活字（とゴシック体）だけのデザインなのです。

要は辶の二点と一点の違いは、筆写や明朝体以外の活字に及ぶ話ではないということです。常用漢字表の前書きにも、そのことと筆写上の相違を例をあげて説明してあります。ただし近年は、活字どおりニョロをつけずに板書する教員や子供も多いようですから、それがよけいに混乱を生じさせたのでしょう。

この問題がもちあがったときにＮＨＫテレビでも解説番組を放送していましたが、残念ながら映し出されたパネルはニョロのある教科書体に一点加えて二点にしたものでした。某出版社は新聞広告で教科書体の司馬遼太郎の「遼」にわざわざ一点を書き加えていました。だれか指摘する人はいなかったのでしょうか。

晝

昼

音チュウ
訓ひる

●日のある時間を区切る

［字のつくりと意味］　晝（画）に日を加えた形といわれます。晝は54頁のとおり、聿（ふで）で田を区切ること。田の部分が日にさしかわって、日を区切る、つまり日の出から日の入りまでを区切るので「ひる」の意味だとされます。日中だけではなく昼御飯のように正午前後もさします。ちなみに「夜」は月の出ているころの意味。「日夜」は昼と夜で「昼夜」と同じです。

［新字体について］　略字としてずいぶん通用されていました。聿の部分を尺に省略する方法は「盡→尽」と同じパターンです。

廳

庁

聴

音チョウ

●よく聴く役所が「廳」

［字のつくりと意味］　まず聴の旧字体は「聽」。耳＋壬＋悳で、悳は徳で人徳のある聡明な人、その人物が耳をつきだして（壬）、よく「きく」こと。广は家屋の屋根で、建築物をあらわします。事をよく聴き、訴えなどをさばくことをおこなう役所を「廳」といいます（すばらしいですね）。府庁・県庁などの古い庁舎にはまだ旧字が残されていますが、中央省庁にはないようです。

［新字体について］　广のなかの聽を同音の丁で置き換えた形です。話を聴いてくれない場所になったようです。聴は新字化で壬と線一本がとられました。

旧字あれこれ

棒一本、つきぬけるかとめるか

新字体では横一画がはぶかれてしまった字もあります。

「殻」と「穀」。もともと「壳」がワンブロックの字で、そこに「几」と「禾」をそえた字です。旧字体は「殼」と「穀」。

「徴」「懲」「微」。徴のまんなかは山+王ではなく「𡈼」でワンブロックの字です。したがって旧字体は「徵」「懲」。微の旧字体はまんなかの山の下を兀の形につくってありますが（薔薇の薇の字のように）、あくまでも活字のデザインです。旧字でも兀の形でかまいません。

「徳」は「德」。心の上の横一画が入ります。「聴」も同じ形の省略です。

「隆」は「隆」。篆文では降+生になっていますので上の部分がのこったのでしょう。

一方では縦一画がすこし変わった字もあります。

「舎」「舗」は干が土に変わっています。旧字体は「舍」「舖」です。

「周」「週」は、旧字体では土の縦画がわずかながら下にはみでる形ですがそこまでしなくてもと思います。「告」「造」「酷」なども上は「牛」です。

「害」「割」「轄」の旧字体では主の部分は一画目は左へのはらい、縦画は下につき出ます。字源としては、丯《カイ》の形です。「契」「喫」「潔」のその部分も旧字体ではそうなります。

「及」「吸」「級」。及は、人+又でできている字。反に似た「及」の形でつくります。及を部分にした字もみなこの形です。

細々言いだすときりがないので、このあたりで。

鐵 鉄

音テツ

●大きな戈、赤黒い金、夷狄の金

古代中国の製鉄は戦国時代（紀元前五世紀〜紀元前三世紀）にはじまったといわれています。したがって「鐵」は漢字としてはやや新顔といえるでしょう。

［字のつくりと意味］　𢧜テツは、大きな戈《ほこ》の意味といい、それをつくるための金属。また𢧜は赤黒いの意味で、黒あるいは酸化して赤くなる金属のことをいうといわれます。一方で、鐵の古字に「銕」の字があり、これは夷狄《いてき》の金属の意味。製鉄のはじまりは小アジアのアナトリアといわれ中国に伝わったのは戦国時代のことといわれています。

それまでの青銅器にくらべて格段に硬い金属として、武器・農具に使われた結果、古代中国の統一国家への道程に大きな影響をもったことでしょう。

その最大の特徴の「かたさ」から熟語がうまれています。「鉄心石腸（鉄石）」「鉄騎」「鉄拳」「鉄壁」「鉄面皮」などなど。日本の「鉄火《てつか》」というのはちょっと違いますが。

古字「銕」は日本では人名に用いられます。火付盗賊改の長谷川平蔵の若かりし頃の名は「本所の銕《てつ》（三郎）」、能の観世《かんぜ》家分家には代々「観世銕之丞《てつのじょう》」を名乗る家があります。

［新字体について］　新字体は銕の省略体として使われていたものを採用しました。新字の「失」の部分を嫌って「鉃」という字を使う企業もありました。

點
点
音テン

●「黒點」というのもへんな話

「点」はずいぶんと守備範囲の広い字といえます。日常の生活でこの字に出合わない日はないといっていいでしょう。


［字のつくりと意味］　黒（90頁）は説明したように、煙突につまった黒い「すす」の点。占センは特定の場所をしめる。ちなみに广（屋根）で場所を占めると「店」。點は、黒い、小さな「ほし」「ぽち」をあらわします。まず「斑点」ですね。「しるし」「しるしをつける」意味で「句読点」「画竜点睛《がりようてんせい》」「点鬼簿」。わずかな動作をあらわして、「点景」「点頭」など。

「ともす」「つける」意味だと「点火」「点灯」「点滅」。

「さす」「くわえる」で「点滴」「点眼」「点薬」。

特定の場所やある部分をさして「起点」「要点」「弱点」「論点」。

ひとつひとつ調べることで「点検」「点呼」。

抹茶をたてることが「点茶」。日本では「点前《てまえ》」と使われます。

そして品物を数えるときの「先着二十点かぎり」、評価・得点を数えるときの「平均点」「百点満点」「一点リードのまま後半戦へ」など。

［新字体について］　黒の里の部分を省略してしまいました。そして占の下に灬を移動、默（黙）のパターンです。日常使われる頻度の高い字に特徴的な省略法といえるでしょうか。手書きで灬部分を大にしたものを見かけます。

當 当

音 トウ
訓 あたる

黨

●「辨當」「當番」「當用日記」など懐かしい

昔の映画・写真などで「當」の字を見かけることは多いと思います。なにしろ「あたる」なのでよく使われる字です。ずいぶんと省略されてしまいましたが「堂」「黨（党）」などと同様に「尚」を部分にもつ字です。

［字のつくりと意味］　尚＋田。尚は、窓のところに神の気配がくだるさま、いのるの意味をあらわすといいます。田を加えて、みのりをいのる、農耕神をむかえて田の事に「あたる」、農耕の時機に「あたる」意味になりました。物事や時機にあたる、実際の物や人に向きあう、あてはまる、あたいするなど、多くの意味が派生しています。

問題となっている、目下の、こちらのという使い方もあります。「当地」「当座」「当時」「当面」「当人」などなど。

ちなみに「弁当」の語源ははっきりしていなくて、「面桶《めんつう》」（一人前ずつ飯を盛る曲物）のなまりとも、便利な携帯食で「便当」だともいわれています。

「黨（党）」は、尚（神の降る窓）＋黑。黑は「すす」したがって「かまど」。飲食をともにし神をともにまつる「ともがら」「なかま」の意味だといいます（白川静氏）。仲間、故郷、そして主義主張を一にする人々の集まりで「党」です。

［新字体について］　大胆な省略形ですが草書体でこの形に近く略しているものも見ます。党のほうは尚は残っています。

旧字あれこれ

下にひらく、すぼめる

新字体では「小」の部分を「⺌」のように下すぼまりになおしたものがあります。ただし字源的にも下びらきだろうと思われるものも『康熙字典』では下すぼまりになっているものが多く、旧字体でもその部分はまちまちです。「八」を部分としている字は旧字体ではほぼその形です。

「尚」「肖」。尚は八＋向。肖は小＋月。いずれも旧字体では「小」の形どおり下びらきです。ところが「尚」を部分とする、堂、棠、常、裳、賞、掌、當（当）、黨（党）などは旧字体でも下すぼまりです。一方、「肖」を部分とする、哨、消、宵、梢、硝、鞘などはかならず下びらきの形です。小＋貝の形の、鎖、瑣も旧字体では下びらきです。

「八」を部分にもつ「兑」、それを部分とする、悦、脱、税、説、鋭なども旧字体では下びらきの八の形です、字源は違うのですが、咲、朕も同様です。

もともと「爪」である「⺤」は下びらきのはずで、采（采）、妥（妥）、採（採）、爲（為）はそうなっていますが、受、愛、舜など⺤にのる形のものは旧字体でも下すぼまりです。

目だちませんが「㡀」を部分とする、蔽、弊、幣なども旧字体ではその部分は下びらきです。

あとは細々と、平、坪、評、秤、鮃のグループ、判、絆など半の関連字、益（益）、率なども下びらきになります。

平　半　益　率

燈 灯

音トウ
訓ひ

●「ひともし」「ともしび」

[**字のつくりと意味**]　火＋登。登は「あぶらつぼ」とも、火のたちのぼるさまとも。一方「灯」はじつは別の字で、「はげしい火」の意味とか。大雑把にいえば燈は火をつける道具、灯は火・あかりそのもの、ということですがすっかり混用されて区別がつきません。「行灯《あんどん》（燈）」のドンは慣用音、「提灯《ちょうちん》（燈）」のチンは唐音という十一世紀以降に日本に入ってきた中国音での特殊な読み方です（190頁）。

[**新字体について**]　燈・灯はもともと別の字ですが古くから混用されていました。灯はそもそも音トウ（テイ）を丁で置き換えた字かもしれません。

鬪・鬭 闘

音トウ
訓たたかう

●鬪ならともかく鬭ではわからない

[**字のつくりと意味**]　旧字体を鬭とする場合もあります。正字とされていますが鬪のほうが通用していました。鬥は「たたかいがまえ」といって門とは別の部分。鬨《かちどき》の字もありますね。二人がつかみあって戦う様子だといいます。斲《タク》は、けずる、けずった盾と斧で戦うさま。これで「たたかう」以外のなにものでもありませんね。「鬪争」「戦鬪」。

[**新字体について**]　鬥を門に置き換えました。たたかいがまえの字で多少とも使われているのは、さきほどの「鬨」と「鬮《くじ》」ぐらいでしょうか。

獨　独

音ドク
訓ひとり

●蜀を使った字あれこれ

「獨逸（独逸）」。日本でドイツの音訳にこの字が宛てられたのは江戸時代末期の十九世紀半ば。音写とはいえこの字を選んだのは、犭のもつ一種の蔑視か、それとも間もなく成立するプロイセン帝国の勢いが意識されたものでしょうか。

［字のつくりと意味］　屬（123頁）でふれたように「蜀」をどう解釈するかということになります。一世紀の『説文解字』以来、蛾の幼虫、芋虫と解釈されて「不快」「汚い」の意味をになわされてきました。白川静氏によれば「虫」の部分は雄の性器のかたち、したがって蜀は「雄の獣」のすがたということになります。雄の獣は一匹で行動することが多いので、さらに犭《けものへん》をそえて、「ひとり、単独」の意味だといいます。白川氏説によれば、蜀を部分にもつ字では獨と、つぎの觸はすっきりするのですが、ほかの字も見てみましょう。

「觸（触）」は、雄の獣どうしが角を突きあわせることで「ふれる」です。

「濁」。「にごる」ですが、こちらは不快な芋虫説なら、「汚れた水」ですっきりしますが、白川氏はふれていません。

「燭」。蜀は續（続）に通じて「つづく」の意味をもつといいます。火がつづくので「ともしび」、蠟燭《ろうそく》の「燭」です。

［新字体について］　蜀の部分を虫だけに省略しました。筆写ではこの形もありました。濁（常用漢字）、燭、さらに「躑躅《つつじ》」の躅はもとの形のままです。

腦 脳 音ノウ 惱

●脳で思い悩む

［**字のつくりと意味**］ 𡿺《ノウ》は、巛＋囟。巛は髪の毛、囟は乳児のまだ頭蓋骨が閉じていない「ひよめき」の部分。これだけで脈拍とともに動く「脳」をあらわす字で、さらに月（肉）をそえました。𡿺に忄（心）をそえれば「惱（悩）」、「なやむ」です。古代人が感情や思考をつかさどる部位を脳だと考えていたことがうかがえます。ちなみに「思」の古字は「恖」の形です。

［**新字体について**］ 巛をツと省略するパターンですが、囟を「凶」にするのはちょっといただけませんね。

霸 覇 音ハ

●覇者、覇権は襾《かなめのかしら》が似合う？

［**字のつくりと意味**］ 雨＋革＋月。雨にさらされた獣の革が月のように白いさまと三題噺のような字源ですが、これで「しろい」の意味。白が「伯」に通じて、一族の長、そして「はたがしら」「覇者」の意味になったといいます。イメージからか古くから雨を襾に換えた「覇」、さらに「覊」の字も使われていました。ちなみに「要」も「覆」も襾の字で旧字体では上部はこうなります。

［**新字体について**］ 通用していた「覇」を採用しました。そのさい上部は覀の閉じた形になりました。覇の旧字体を「覇」としている資料もあります。

賣

売

音 バイ
訓 うる

●「買」ではまにあわなくて

［**字のつくりと意味**］　出＋買。買は网《モウ》＋貝で、網で財貨をおおうさまで「かう」。広く「あきない」の意味で使われていましたが、買が「かう」の専用の字になって作り出されたのが、財貨を出す側（代金を受けとって物品を出す側）の字の「賣《うる》」です。新字体は続、読の部分になっていますが123頁で述べたように「賣」とは別の字です。

［**新字体について**］　買の部分を冖と犬や大に似た形に省略した筆写体が古くからありました。江戸時代の版本でよく似た「売」を見ますが「殻」の略字です。

博

博

音 ハク
慣用音 バク

●じつは「甫」の大グループの一員

ぱっと見てもわからないかもしれませんが旧字体の右上は「甫」。点なしの「専」とは関係ありません。甫を部分にもつ字はたいへん多いのです。

［**字のつくりと意味**］　右側は甫《ホ》＋寸。甫は、田にうえる「なえ」、また苗木。寸はそれを手にもつさまで、専は苗をうえる、美田のさまで「うつくしい」「おおきい」「おおいに」の意味をもつようになりました。「博」は、「十」で四方の意味をそえて「ひろい」「ひろまる」の意味になったといいます。「博愛」「博学」「博覧強記」。

縛 薄 簿

不思議なのは「ばくち」の意味があることで、「賭博」「博奕《ばくえき》《ばくち》」「博徒」と使われています。ほかの尃を部分にした字も見てみます。

「縛（縛）」は、手にもった苗木を「糸」で「しばる」。

「薄（薄）」は、草がひろがる草原から「うすい」。「薄氷」「薄謝」「薄情」「浅薄」。

「簿（簿）」は、竹を薄く削った、いわゆる竹簡で作られた帳面のことです。

ほかには上膊《じょうはく》部の「膊」、傅育《ふいく》の「傅」、愛新覚羅溥儀《ふぎ》の「溥」など。

甫を部分にもつ字は、捕・浦・哺・圃・補・輔・舗・匍・葡・蒲・敷などです。

[新字体について]　用の部分を田にしました。活字でもほとんど差がわからず旧字体が漢字ソフトに搭載されていない場合もあります。

麥 麦 麺

音 バク
訓 むぎ

●麦製品いろいろ

[字のつくりと意味]　來《ライ》は、のぎのついた「むぎ」の象形。夊《スイ》は、根が地中に「くだる」の意味、また足あとのかたちで來とあわせて「むぎふみ」をあらわすともいいます。どちらにせよ「むぎ」、小麦・大麦・裸麦の総称です。部分となって麦製品の字をつくります。麨《むぎこがし》、麸《ふ》、麹《こうじ》などです。

「麵（麺）」はもともと小麦粉を使った食品の総称でしたが今では「めん」類。平成二十二年の常用漢字追加で新字化された数少ないうちの一字です。

[新字体について]　来＋夊ではなく、來の省略形「耒」の上部を使いました。

發
発
漢音ハツ
慣用音ホツ

●麻雀牌でおなじみ

旧漢字のなかでも見慣れた字でしょう。麻雀牌の「發」、そして撥水や三味線の撥《ばち》の「撥」、潑剌《はつらつ》の「潑」、醱酵《はっこう》の「醱」の字の部分でもおなじみかと思います。ただし、溌剌、醗酵のように擬似新字体になっている場合もあります。

［字のつくりと意味］　癶は、両足を開いてふんばるかたち。癶ホツで左右の足と手で草をふみわけるさまをあらわします。また、矢を射るときの擬音ともいいます（「発止《はっし》と」のハッです）。それに弓を加えて、「弓をはなつ」「射る」の意味になりました。

原義「はなつ」からたくさんの意味が派生しています。①はなつ「発射」、②ひらく「発展」、③あばく「摘発」、④つかわす、⑤おくる「発送」、⑥たつ「出発」、⑦でる「発芽」、⑧おこる「開発」、⑨あらわす「発現」、⑩うごく、⑪のびる「発育」、⑫めす「徴発」などなど。

慣用音ホツは、もともとの呉音ホチからの変化です（190頁参照）。仏教語に多く残されていて「発意《ほち》」「発願《ほつがん》」「発起《ほっき》」「発心《ほっしん》」などと使われます。日本読みの熟語で「発作」「発足」「発端」「発句《ほっく》」などもあります。

發を部分にした字を見てみましょう。

「廢（廃）」は、广（屋根）＋發。發は敝ヘイに通じて「やぶれる」の意味。したがって廃屋の意味で「すたれる」になりました。

「撥」は、扌（手）ではなつので「はねる」。「潑」は、氵（水）がひらくような

廢

勢いで「潑溂」、「醱」は、酉（酒）が発泡するので「醱酵」です。いずれも常用漢字にはふくまれていませんので發の部分はそのままの形です。

［新字体について］　発は、發の略字とされていますが、いつどういう経緯で使われはじめたのかはっきりしません。發の草書体を見ますと、癶の下に「反」「及」に似た形がつくってあるものが多いのですが、中国の「發」の簡体字「发」もそれを踏襲したものだと思います（癶は省略されていますが）。さて、新字体の中でも「発」はかなり違和感のある字です。というのも、そもそも「开」という部分がほかの字にはまったく見当たらないということからかもしれません。

髮　髪　拔

音ハツ　訓かみ

●髪は「長い友だち」？

［字のつくりと意味］　髟《ヒョウ》は髪の長くたれさがるさま。「かみがしら」といって、髪・ひげ関係の字をつくります。犮《ハツ》は「とりさる」「抜く」。つまり長くなった髪を抜く、また、抜けるので髪、という字なのです。昔、「髪は長い友だち」という髪の字解きをした育毛剤のテレビCMをやっていましたが、思わず残念と呟いてしまいました。

「拔（抜）」は、犮に扌（手）をつけた形で、もちろん「ぬく」です。

［新字体について］　犮を形の似た「友」に置き換えました。新字体ではさきほどのような誤解がうまれますね。

蠻

蛮

音バン

●南の異民族は「蠻」、北は「狄」

［字のつくりと意味］　䜌の解釈はむずかしいのですが（變、149頁参照）、ここでは殷周の金文ですでに「蠻」の意味に使われていたという話にとどめます。蠻は南の「えびす（異民族）」の意味。同様に北は「狄《テキ》」、東は「夷《イ》」、西は「戎《ジュウ》」です。中国の中華思想はすさまじく、国の外の異民族はすべて侮蔑の対象です。字のとおりいずれも人間のあつかいではありませんでした。

［新字体について］　䜌を亦で置き換えました。変、恋の草書体ではよく使われてきた省略法です。もとの亦《エキ》を部分にする字は、博奕《ばくち》の「奕」ぐらいでしょう。

卑

卑　碑

音ヒ
訓いやしい

●「卑」を部分にもつ字に注意

［字のつくりと意味］　「さじ」のような道具（甶）を手（十）にもっているさまの象形。それで土を掘るので「ひくい」、またその道具じたいが「いやしい」の意味をあらわします。下品・下等の意味がつよくなり、「卑賤」「卑怯」「卑屈」「下卑」と使われます。「碑（碑）」は低い石でもとは日時計の石や動物をつなぐ石。のちに文字を刻んだ「いしぶみ」の意味になりました。

［新字体について］　甶の左にはらう部分を二画に分けています。常用漢字ではない「稗」「婢」「牌」「脾」はもとの形のままなので注意してください。

祕 秘

音ヒ
訓ひめる

●戦前の「マル祕」書類

［字のつくりと意味］ 必《ヒツ》は、戈《ほこ》などの武器の先端部を柄とつなぐ部分にかざりのついたかたち。祖先の廟に必を置く儀式があったようで「密」「謐」もその関連の字だといいます。示は必を置く卓のかたち（禾ではありません）。ひめておこなわれる儀式なので「ひめる」「ひそか」、「秘密」の意味になりました。

［新字体について］ 俗字「秘」も通用していましたが、圧倒的に「祕」が使われていました。それなのに新字体は示をネとせず、俗字を採用してしまったのがどうにも合点がいきません。

濱 浜 賓

音ヒン
訓はま

●部分の「賓」は新字体に

［字のつくりと意味］ 賓は、宀＋万（人）＋貝。廟に動物の足（万）と財貨（貝）をそなえて神を「もてなす」、また外から来た客神で「まろうど」。水ぎわ（氵）で神をむかえる場所が「はま」です。一説に賓は家で人を財貨で「もてなす」、賓には「しわがよる」の意味もあって、波のしわよる場所で「はま」といいます。

［新字体について］ もともとあった意味のちかい「浜」が略字として使われていました。問題は単独での「賓（賓）」の字です。少に一画加えて少としています。「歩（歩）」関連の字もそうなりました。字形の統一ということでしょうか。

拂 払

音フツ
訓はらう

佛

●「弗」は昔は「$ドル」でした

弗を部分にもつ字を紹介しますが、以前は通貨単位ドルの宛字は「弗」でした。$の記号を形で宛てたものです。ちなみに弗の字の原義は「ばらばらでまとまらない」です。

[字のつくりと意味]　弗は、木の棒をひもでくくろうとしている象形。くくろうとしてくくれない、ばらばらの意味です。おもしろいですね。扌（手）をつけてどうするか、あきらめてはらいのけてしまいました。これで「はらう」です。「払拭」「払底」。日本では代金を「はらう」意味にも使われます。

「佛（仏）」は、「ほのか」の意味をもっていましたが、buddha の音訳（仏陀）に使われてからは「ほとけ」「仏教」の専用の字のようになりました。仏蘭西（フランス）の略称にも使われます。

「沸」は、弗が噴に通じて、湯が吹いて「わく」。さかんに湯の泡がばらばらと出る。擬音で「ふつふつ」わく、というのはどうでしょうか（私見です）。

「費」は、財貨（貝）がばらばらに散財することで「ついえ」、もともと「浪費」のことです。「費用」「消費」「私費」「水道光熱費」など。

ほかに弗を部分にした字でよく使われるのは彷彿《ほうふつ》（髣髴）の「佛・髴」ぐらい。

[新字体について]　弗の部分を厶に省略。複雑な部分は「厶」のパターンです。
ただし常用漢字になっても沸、費はそのままの形です。

併

併

音ヘイ
訓あわせる

塀
瓶

●悩ましい「幷」の部分

幷（新字体では并）を部分にもつ字は、じつは校正者には悩ましいものがあるのです。旧字あつかいである「餠」「迸」。これらをどうあつかうか、が問題です。

［字のつくりと意味］　幷ヘイは、从と二を組みあわせたかたちで、並んで立つ二人をさらにくくって連ねる、したがって「あわせる」。それにまた人を加えました。「併合」「合併」「併用」「併称」など。

「塀（塀）」は、もともと「屛」と同じ字です。尸（居宅）がならぶ、そのおおい、しきりのことです。風をふせぐ、おおい、ついたてが「屛風《びょうぶ》」です。土をそえて土塀の意味になりました。屛は常用漢字にふくまれていません

「瓶（瓶）」は酒などを入れる「かめ」。瓦は土器をあらわし、幷は型抜きの鋳型を二つ合わせて作ることをあらわしています。「花瓶」「土瓶」。ガラス製のものを区別して「壜」の字を使うこともあります。

「餅・餠」は粉をあわせて練った食品。中国は小麦粉のピン、日本ではコメの「もち」。「迸・迸」は、ならんで一斉に走るで「ほとばしる」。

［新字体について］　幷を并に書き換えました。餠、迸は本来「幷」となるべきですがこの形で活字が流通していました（飠、辶が旧字体仕様なのがおわかりでしょう。110頁参照）。餅はこの形で平成二十二年、常用漢字になりました。幷にあえて直すか、ただし直すとバランスの悪い作字になることも多いのです。

邊 辺

音ヘン
訓あたり・べ

●「渡辺」の「邊」の異字体は五十以上

「渡辺」の辺が、邊か邉か、はたまた別の字か……。もともと複雑な部分だったせいか中国の唐代でも二十種ぐらいの異字体があり、そして日本で戸籍の届出の際の手書きの字体でますます増殖していったものと思われます。現在では五十種以上存在するようです。それはそれとして、邊はなかなか怖い字なのです。

［**字のつくりと意味**］　臱ヘンは、自＋宂＋方。自は鼻のかたち。宂はものを置く台。方ははりつけにされた人のかたち。これで鼻を上向きにして台に置かれた死者のさまをあらわすといわれます。これは異境の邪神の侵入をふせぐ一種の呪法とされ、⻌《しんにょう》をそえて、そうした臱がおこなわれる場所、つまり「辺境」の意味になりました。そして、そうしたあたり、ということから「あたり」「ほとり」の意味にも使われるようになりました。

もともとある熟語では「辺境」の意味のものが中心になります。「辺陬《へんすう》」「辺塞」「辺地」「辺鄙《へんぴ》」などなど。

日本では「あたり」「ほとり」で「近辺」「周辺」「岸辺」「海辺」「炉辺」など。あとは境界の線の意味から「二等辺三角形」「底辺」の「辺」があります。

［**新字体について**］　臱の下部「方」を「刀」に省略した形でしょう。異字体については特にふれませんが、正字とされている旧字体「邊」は、字源から考えると臱の宀の部分は冖のはずなので、これも異字体の一つと考えられます。

戀

變 変

音ヘン
訓かわる

●変と恋の違いは？

変と恋は紙一重の違いか。字が似ているため、そんな字源解釈も聞かれます。旧字体は變と戀、この共通する䜌の部分はなにをあらわすのでしょうか。

[字のつくりと意味]　じつはこの䜌の部分の解釈がはっきりしないのですが、白川静氏の説を援用して述べてみます。言は、神への誓いのことば。䜌はそのことばをいれた器の両側に糸飾りをつけたかたち。攵は攴で「うつ」。これで神への誓いの器をうちやぶるので、誓いをやぶる、したがって「あらためる」「かえる」「かわる」という意味だといいます。

それならば「戀（恋）」は、䜌に心をそえて、神への誓いに心をよせる「こい」だと考えられそうですが、白川氏は「戀」は「攣」で、攣は「ひかれる」こと、心がひかれることで「こい」と、従来の字源説にもどってしまっています。というわけでどうも釈然としないのですが、そういうことです。

「変」は「かわる」の意味から、「不思議な」「奇怪」という意味、突然のできごと・内乱や戦争の意味も派生しています。「満洲事変」「桜田門外の変」。

䜌を部分にもつ字としては、痙攣《けいれん》の「攣」、彎曲《わんきょく》の「彎」（175頁参照）、親鸞《しんらん》上人の「鸞」などがあります。

[新字体について]　䜌を亦に置き換えました。草書体で使われていた省略法です。それから變の下の部分は「攵」から「夂」に変わっていますので要注意です。

弁 音ベン 辯瓣辨

●弁にまとめましたが、ほかの字も

複数の字を一つの新字体にまとめためずらしい例です。たしかに、瓣はともかく辨・辯の使い分けには微妙なところがあり、いっそのことまとめてしまえというのもうなづけます。ただし「弁」も別の字で、こちらも使うことのある字です。

［字のつくりと意味］　辡《ベン》は、辛を二つならべたかたちで、辛はそもそもは入れ墨を刺すための針のことです。入れ墨は刑罰で、二人の罪人が（入れ墨を刺されないように）言い争い、対立している様子をあらわします。これで「あらそう」「わける」の意味になりました。この二つの辛のあいだに字をはさみこむことで、それぞれの意味をあらわす字がうまれました。

「辨」は、刂《りっとう》（刀）をはさみました。辦の形もあります。刀で「わける」ことで、区別、わきまえる、明らかにする、ただすなどの意味をもちます。「弁別」「弁償」などはこの字。「弁説」は辨・辯のどちらも使い、「弁明」は意味によって辨・辯を使いわけます。「弁理士」は辨（または辦）、「弁護士」は辯です。

「辯」は、言をはさみ、ことばで「わける」。言説で事の道理をわける意味。「辯が立つ」のように「ことば」「言説」そのものもさします。「弁解」「弁疏《べんそ》」「弁駁《べんばく》」「弁論」、「強弁」「多弁」「能弁」「雄弁」など。日本では方言の意味でも使われて「関西弁」「津軽弁」など。

「瓣」は、瓜をはさみ、半分に割った瓜の「なかご」。果肉のふさ、そして一番使われるのは「花弁」の意味でしょう。そのひらひらした形状から、心臓の「弁」「安全弁」などはこの字です。

じつは、力をはさんだ「辦」（辨ではありません）、糸をはさんだ「辮」も「弁」で書き換えられることが多いのですが、辦はほとんど辨と意味がかさなり（辨理士など）、辮は「辮《べん》（弁）髪《ぱつ》」（中国清朝の髪型）にしか使われない字です。

「弁」は本来「かんむり」をあらわす字。両手で冠をかぶるかたちの象形です。「武弁」（武官のかぶる冠で、武士の意味）、「弁官（辨官とも）」と使われます。

[新字体について]　同音で簡単な「弁」ですべて代用しました。便利といえば便利ですが、旧字体に書き換えるときには使い分けに注意してください。

步

漢音ホ　**呉音**ブ　**慣用音**フ　**訓**あるく

步

涉頻歲

●一点ふやして「少なく」した

[字のつくりと意味]　止＋㐄。左右の足あとを組みあわせたかたちで「あるく」。徒歩でゆくこと、前進する意味です。「歩行」「進歩」。また一足分の距離の単位、日本では面積の単位で一坪分。一割の十分の一の利率の単位。歩を部分にした字としては「渉（涉）わたる」「頻（頻）しきりに」「歳（歲）とし」「捗はかどる」「瀕さしせまる」などの字があります。捗、瀕は一点少ないままです。

[新字体について]　少の部分を一点ふやして少に。ほかの少をもつ字の新字体でも同じ処理がされました。一画ふやしても少で統一したかったということです。

旧字あれこれ

点一つをとったりつけたり

旧字体と新字体をくらべたとき、ちょっと見過ごしてしまいそうなところが、一点一画の違いです。「戻」（169頁）でも述べたように新字体では「犬」から一点がはぶかれて「大」になっているというような場合があるのです。

たとえば「者」。旧字体では「者」の形で曰の上に一点があります。これは祝詞の器を土にうめるという、かぶせた土のしるしです。したがって者を部分にもつ字のすべての旧字体には点がつきます。気をつけたいのは常用漢字にふくまれない、堵・賭・奢・屠などの字。ご覧のように点がついたままです。

「殺」。気づかない人が多いかもしれません。「殺」のように木に点です。もともと木ではなく、ク＋巾のかたちの部分でした。

「寛」は「寛」。萈はやぎの象形だといいますから、点はしっぽのようです。

「盗」。旧字体では「盗」。上部は次ではなく「次」で「よだれ」の意味。

「奥」は「奥」。米ではなく「釆」の形。獣の足あとのかたちといいます。

「塚」は「塚」。たすきがかかります。右側は「家《いのこ》」とは関係なく、もともとの「家《つか》」の字です。

反対に一点ふえているものがあります。

「歩」関係の字では一点がふやしてあります（151頁参照）。旧字体では「歩」。歩を部分にふくむ、渉・頻・歳などの字は旧字体でもすべてこの形です。捗（平成二十二年追加常用漢字）・瀕などはもとの形のまま。歩については省力化というより「少」という部分の統一がはかられたものでしょう。

包

包

音ホウ
訓つつむ

抱泡胞
砲飽

●つつむものはみな「包」

「包」を部分にした字もちょっと考えただけで十以上思いつきます。「つつむ」の意味と音ホウを共有する大グループです。

［**字のつくりと意味**］　勹ホウ＋巳。人の腹のなかに胎児がいるかたちです。巳は胎児のかたちの象形。これで「つつむ」の意味です。「包囲」「包含」「包容」。

「抱（抱）」は、手でつつむで「いだく」「かかえる」。「抱擁」「抱負」「抱腹」。

「泡（泡）」は、空気をつつんだ水で「あわ」。「泡沫」「水泡」「発泡酒」。

「胞（胞）」は、胎児をつつむ「えな（胎盤）」。同じ母から生まれたという意味から「同胞」です。また、外部を膜でつつんでいるもののこと。「細胞」「肺胞」「胞子」。

「砲（砲）」は、弾丸をつつむ砲身と考えたいところですが、字のできたころには大砲や銃砲類はないはずで、もともとは「いしゆみ」のこと。

「飽（飽）」は、食物が腹いっぱいにつつまれていることで「あきる」です。

ほかの包を部分にもつ字を並べておきます。咆哮《ほうこう》の「咆」、庖丁《ほうちょう》の「庖」、水疱《すいほう》の「疱」、「苞つと」、「鉋かんな」、「鞄かばん」、「鮑あわび」、「匏ひさご」、「雹ひょう」など、よく見かける字はこれくらいでしょうか。

［**新字体について**］　巳を己に変えました。画数も変わらないのでもとのままでよかったのではないかと思います。胎児というイメージはなくなりました。

寶 宝

音 ホウ
訓 たから

●宝物がいっぱい

［字のつくりと意味］ 宀＋王（玉）＋缶＋貝。宀（廟、家屋）のなかに玉や缶（つぼ）、貝（子安貝や財貨）がつまっているさまです。いかにもこれで「たから」ですね。仏教では「たっとい」の意味で「宝珠」「宝蔵」「宝塔」などと使います。

一番見かけるのは七福神の乗った宝船の図かもしれません。大きくふくらんだ帆に「寶」の字はいかにも縁起がよさそうです。異字体の「寳」になっていることも多いかもしれません。

［新字体について］ 宝物を「玉」で代表させ、ほかの缶と貝を省略しました。

豐 豊 艷

音 ホウ
訓 ゆたか

●穀類がたっぷり

［字のつくりと意味］ 脚の高い食器「たかつき」（豆）に黍《きび》の類が盛ってあるさまで、「おおい」「ゆたか」の意味です。穀物がよくみのる「豊作」「豊穣」、ふっくらとしてゆたかな「豊満」「豊艶」「豊頬」とも使われます。

豐を部分にする字は「艷（艶）」ぐらいでしょうか。

［新字体について］ 豊は、「醴《あまざけ》」またはそれを入れる「たかつき」の意味で、意味は似ていますがちょっと別の字です。體（125頁）、禮（170頁）の豊の部分は豊にはなりません。

襃

襃

音ホウ
訓ほめる

●「ほうび」のおおきな着物

[字のつくりと意味]　衣のあいだに、孚《フ》をはさんだ形です（爫部分は横向き）。孚は子をだいているさまで、ふところのなかに子を抱けるほどの大きな衣をあらわします。これで、大きな、ゆるやかの意味をもちます。そこから「ほめる」。報に通じるともいわれます。「褒衣」は裾の広い着物または褒美の着物のことです。「褒美」「褒賞」「褒貶」と使われます。よく似た「褎」「裦」の字は「そで」で別の字です。

[新字体について]　爫の部分をイに置き換えました。穏当なところでしょう。

飜・翻

翻

音ホン
訓ひるがえる

●「飜譯」坪内逍遙

[字のつくりと意味]　番がよくわかりません。釆は獣の足のうらのかたちといいますが、田を加えると「?」。意味としては「かわりばんこ」、そして「ひらひらする」です。羽をつけて、鳥が「ひるがえる」。飛をつけても鳥が「ひるがえる」です。旗などがぱたぱたひるがえるのが「翩翻《へんぽん》」、意志をひるがえすのが「翻意」、言葉をほかの言語になおすので「翻訳」です。翻の旧字体は羽を羽とした形ですが、戦前の書物などでは同字の「飜」が多く使われているようです。

[新字体について]　飜ではなく翻を新字体にあらためて採用しました。

毎

毎

音マイ

敏繁侮
悔海梅

●母がもとになって

母をもとに毎の字がうまれ、さらに毎を部分にして多くの字がうまれています。ただし、になうのは音で、意味にあまり共通性はないようです。

［字のつくりと意味］　母は、女に乳房をあらわす二つの点を加えたかたち。そこに髪飾りをつけて髪をゆいあげるかたちをそえたのが「毎」の字です。本来の意味よりも音を借りて（仮借《かしゃ》、182頁参照）、「つねに」「〜ごとに」の意味で使われる字になりました。

毎に、手をあらわす又をそえて、髪飾りを整えて祭事にいそしむ様子をあらわした字が「敏（敏）」、「はやい」「さとい」です。さらに糸を加えた「繁（繁）」は髪飾りに糸飾りをつけて「おおい」「しげる」となります。ほかの字としては、

「侮（侮）」は「あなどる」。「侮辱」「侮蔑」。

「悔（悔）」は「くいる」「くやむ」。「悔恨」「後悔」。

「海（海）」は「うみ」。「海岸」「海上」「大海」「絶海」。

「梅（梅）」は「うめ」。「白梅」「梅雨」。ちなみに梅は奈良時代以前に中国から渡来した植物で中国音メが日本語発音「うめ」に変化したといわれています。

晦渋《かいじゅう》、大晦日《おおみそか》の「晦」、教誨師《きょうかいし》の「誨」などは、そのままの形です。

［新字体について］　母を毋に変えました。毋《ブ》は「なし」と読む助字です。「毒」の下はもともと毋です。母はそのままの形でのこされました。

萬　万　勵

呉音マン
漢音バン

●萬歳「バンザイ」「バンセイ」「マンザイ」

[字のつくりと意味]　萬は「さそり」の象形。ただし甲骨文字の時代からすでに数字の「万」として使われていて、「数多い」「よろず」の意味です。「万感」「万能」「万人」「万物」。「万歳《ばんざい(せい)》」は「よろずよ（万世《ばんせい》）」で、唐代の天子の祝宴に用いられた舞楽が「万歳楽《ばんざいらく》」、天皇・国家を祝福する言葉は「万歳《ばんざい》」、もともと正月に門づけで祝儀を唱えたのが「万才《まんざい》」。

[新字体について]　中国でも古くから萬の代用として使われた字です。萬を部分にした字に、激励の「勵（励）」、邁進《まいしん》の「邁」、「礪《と》（砺）波《なみ》」などがあります。

滿　満

音マン
訓みちる

●「滿洲」は民族名

[字のつくりと意味]　㒼《マン》は、一面に刺繍のほどこされた膝掛のかたちだといいます。刺繍が全体にあるので「みちる」、さらに氵（水）をそえて、水が「みちる」「みちあふれる」の意味になったといいます。「満潮」「満月」「満面」「満足」「充満」「満天下」など。中国東北部をさす「満洲」はマンジュ、もともとは民族名で、清朝を建てた女真族のことです。㒼を部分にもつ字に、欺瞞《ぎまん》の「瞞」、憤懣《ふんまん》やるかたなしの「懣」などがあります。

[新字体について]　㒼を艹＋両に省略。兩→両を参考にしてください（167頁）。

免

免

音メン
訓まぬかれる

勉晩

●兎・兔と混乱しないように

免に似た形の字に「兎」「兔」、さらに新字体「免」があり混乱します。そのうえ、免が部分になると「免」の形になるとはやっかいな話です。

[字のつくりと意味]　金文では開かれた「また」から赤ん坊が生まれ出てくる様子の象形です。分娩《ぶんべん》の「娩」のもとの字です。子が「ぬけでる」ことから、「まぬかれる（免責）」「はなれる（放免）」「ゆるす（赦免）」「やめさせる（罷免）」など多くの意味がうまれています。ほかの字の部分になるときには旧字体でもなぜか上部の刀がクの形になります。

「勉（勉）」は、力んで子を産むので「つとめる」。「勉強」「勤勉」。

「晩（晩）」は、日の光がぬけでるから（？）「くれる」、そこから「おそい」の意味になりました。「朝晩」「晩餐」「晩年」「晩学」「晩成」。

ほかの字としては、挽回《ばんかい》・挽肉《ひきにく》の「挽」、輓馬《ばんば》の「輓」などがあります。

よく似た、兎・兔・兔はすべて同字で「うさぎ」。象形文字ですが「、」はしっぽでしょうか。兎がいちばん通用している字体でしょう。

[新字体について]　上部の刀の部分は述べたとおりですが、注意してほしいのは下の儿の部分です。旧字体では中央をつきぬけて左に一画ではらう形になっています。娩、挽、輓、そして兎もその形のままです。

愈

愉 音ユ

癒諭輸

●ユの音と意味の共通するグループ

「兪」を部分にもつ字は音ユと共通の意味をもって明瞭なグループです。旧字体で「兪」の部分を書くとき、たいへん愉快な気分になるのは筆者だけでしょうか。

[字のつくりと意味]　兪《ユ》は、のみのような工具で木をくりぬくかたち。一説には手術刀で患部を摘出するかたちともいいます。いずれにせよ一部分を「ぬきだす」という共通の意味をになう部分になります。忄（心）がつくと、不快な気持がぬけて「たのしい」、または摘出手術によって病が「癒（癒）え」て「たのしい」ということになります。

「喩」は、口でぬきだして「たとえる」「さとす」。「比喩」「暗喩」「喩旨」。平成二十二年の追加常用漢字で、もとの形のままです。

「諭（諭）」は、言葉で不明な点をぬきだして「さとす」。「説諭」「教諭」。

「輸（輸）」は、ある物をぬきとって別の場所に車でうつすことです。「輸送」「運輸」そして「輸血」。

漢文でよく使われる「愈」はぬきんでていて「まさる」「いよいよ」、ほかからぬきんでて高い木で「楡《にれ》」、揶揄《やゆ》の「揄」、蛞蝓《なめくじ》の「蝓」などという字もありますね。

[新字体について]　月ふなづきを月に（85頁参照）、巜を刂に変えました。入の筆おさえ（160頁参照）ははずしました。それでも画数としては変わっていません。

筆おさえ、ヒゲ

「筆おさえ」とは、八、分、入などの右ばらいの最初に左から筆を入れる形がつくられているものです。一画には数えません。旧字体では筆おさえがつく形が普通です。新字体でも筆おさえをつけている活字があります。本来は活字のデザインの問題なのですが、どうも筆おさえがないと旧字体に見えないのが困ったところです。とくに「入部」に分類される字ではかならずといっていいほど旧字体には筆おさえがつけられます。

內 肉 全 斜

ただしこれらの字はふつう左ばらいから筆を入れますので、筆写では書きにくい形になってしまいます。

筆おさえのうちでも、文・父・交、廴《えんにょう》などの右ばらいに、点をうつような形でつけてあるものを業界用語でしょうが「ヒゲ」とよんでいます。こちらも活字のデザインなのですが旧字体にはほぼつけられています。ヒゲがないと旧字体ではないと判断する印刷所もあるぐらいですが、本来あってもなくてもかまわないものです。ただ、新字体にはつかず、常用外漢字にはついているという混在の状態になる場合も多く、校正者を悩ませるところです。

文 父 交 廴

與 与

音ヨ
訓あたえる

擧 譽

●「挙」も「誉」もなかまです

與謝野晶子、與謝蕪村で見覚えがあるでしょうか。ずいぶん簡単にされてしまいましたが「与」の旧字体は「與」です。この字を知っていると「興」「輿」の字、そして「挙」「誉」の字も思わず「ガッテン」です。

[字のつくりと意味]　与（牙）＋臼ョ＋廾。与は象牙、臼も廾も左右の手でもちあげるかたち。貴重な象牙を四本の手、みなでもちあげることで「ともにする」「なかま」の意味になりました。さらに、もちあげて「あたえる」、「あずかる」の意味がうまれています。ともにするのが「与党」「与国」、あたえるのが「付与」「給与」、あずかることが「関与」「参与」ですね。

ちなみに、同じ部分「臼＋廾」を使って、酒器（同）をもちあげるのが「興」、車をもちあげるのが「輿」です。

旧字体「與」でないと意味がわからない二字も紹介しましょう。

「擧（挙）」は、與＋手。「もちあげる」にさらに手を加えて「あげる」。「挙手」「挙兵」「挙国」「推挙」。擧を部分にした「欅《けやき》」「襷《たすき》」の字もあります。

「譽（誉）」は、與＋言。言葉で人を「もちあげる」、したがって「ほめる」「ほまれ」です。「誉望」「栄誉」「名誉」。

[新字体について]　與の真ん中部分をとりだした省略体で、昔からよく使われていました。挙、誉は、こみいった上部はツ、のパターンです。

豫 予 音ヨ

●ゆったりした象、機織の「杼」

二つの字を新字体では一つにまとめています。もともとの「予」は機織《はたおり》のとき横糸を走らせるための「杼《ひ》」。豫もこの字を部分としています。

［字のつくりと意味］　予ョは、機織の「ひ」の象形。杼を押しやることから「あたえる」の意味、ほかの字の部分となって「のびやか」「ゆったりした」の意味をにないます。豫は、予＋象で、ゆったりした象のさま、そこからのびやかに「たのしむ」、ゆとりをもってそなえることから「あらかじめ」の意味がうまれました。あらかじめの意味としては「予感」「予見」「予定」「予告」「予報」など。「猶予」もそういった意味の言葉かと思っていたら、一説に猶も予（豫）も疑りぶかい獣の一種のことで「ぐずぐず、ためらう」ことだといいます。びっくりです。

予、余、与の三字は音も同じで意味も共通するところの多い字です。一人称「わたくし」の意味で、予・余が使われますが、この場合は「予」「余」で、「豫」「餘（163頁）」ではありませんので注意してください。

予を部分とする字としては、預金の「預」、序文の「序」、抒情詩の「抒」などがあります。

［新字体について］　述べたように、もとの「予」の字を新字体に採用しました。キリスト教で神からあずかる言葉は「預言」（「予言」を「たまう」と考えれば可か）、「豫言」は未来を予想する言葉となります。旧字では要注意です。

餘　余　敍

音ヨ
訓あまる

●「あまり」だからうれしい

こちらも新字体では二つの字をまとめています。もともとの「余」はとってのついた長い針のかたちです。餘もこの字を部分としています。

［**字のつくりと意味**］　余ョは、とってのついた長い針の象形。除草具とも手術に用いたともいいます。ほかの字の部分となって「長くのびる」「おおきい」などの意味をにないます。餘は、食＋余で、食物が多くあること、したがって食べきれずに「あまる」意味になりました。あまる意味ですが、あまって困っている様子はなく、食物だけにあまるほど「ゆたか」な気持がふくまれている字です。「余韻」「余暇」「余興」「余生」「余裕」などそうした雰囲気がありますね。「あまる」したがって「あとまでのこされている」という意味合いもある字です。

予（162頁）でふれたように、余の字も一人称「われ」の意味で使われます。こちらも「餘」ではなく「余」。内村鑑三『余は如何にして基督信徒となりし乎』は旧字体表記でもこのままですのでお間違いなく。

余を部分とする字としては、叙述の「叙（敍）」、徐行の「徐」、前途の「途」、除草の「除」、塗装の「塗」などいろいろあります。全体に「のびる」「のばす」の意味がうかがえますね。

［**新字体について**］　述べたように、もとの「余」を新字体に採用しました。こちらは「われ」以外はすべて「餘」と思ってもだいじょうぶです。

搖 揺 謠 遙

音ヨウ
訓ゆれる

●なんともかっこ悪い新字体

[字のつくりと意味]　䍃ユウは、缶（ほとぎ、土器）の上に月（肉）を置くかたちで、不安定で「ゆれる」。また缶を言につくり、肉をそなえて「いのり、うたう」。扌（手）をつけて「ゆする」、また歌の抑揚のように「ゆれる」。

「謠（謡）」は䍃の意味のとおりに「うたう」。「遙（遥）」は悠に通じて「はるか」、逍遙《しょうよう》のように「そぞろあるく」。「遥」は人名用漢字の新字体です。

[新字体について]　将と同じように上部の月を⺤に略した形。筆順が入りにくいためか缶の第一画をとってしまいました。落ち着かなくて格好の悪い字です。

樣 様

音ヨウ
訓さま

●下部を「次」と書くことも

[字のつくりと意味]　羕を「ただよう（漾）」さまとも、栩《くぬぎ》・橡《とちのみ》ともいいますが不明。「模様」「ありさま（様子）」「かた（様式）」をあらわす字になりました。日本では「さま」に宛てられました（「相」の字も）。ちなみに敬称の「さま」は、「そちら」と方角をしめすことばで、「いらっしゃる方」と婉曲的に相手への敬意をあらわしています。

[新字体について]　昔から下を「水」に書く字もありました。手書きでは「次」として右側を「羨」のようにしている字も見かけました。

來 来

音ライ
訓くる

●「むぎ」の象形文字

［字のつくりと意味］　來《ライ》は、麦の穂を横から見た象形。音を借りて、「くる」の意味。わかりにくいかもしれませんが、「くる」という意味をあらわす「ライ」という音だけがさきにあり、字がなかったものに、ライの音をもつ來の字をあてたということです。こうした音を借りてることを「仮借《かしゃ》」といいます（182頁参照）。「むぎ」をあらわした來が「くる」の意味になったので、來に夊を加えた「麥（麦）」（141頁）の字がつくられました。

［新字体について］　昔から使われていた省略形です。「耒」の形もありました。

覽 覧

音ラン

●「水かがみ」をのぞきこむ

［字のつくりと意味］　よく見てみるとおわかりでしょう、旧字体は、監＋見です。監は、人が皿（水盤）にはった水をのぞきこむかたちです。監は「水かがみ」、金属で作ると「鑑」です。監に見をそえて、かがみを見るように「よく見る」という字になりました。「一覧」「閲覧」「観覧」「展覧」「博覧」。

覽を部分にもった字に「纜《ともづな》」、橄欖《かんらん》の「欖」などがあります。

［新字体について］　新字体は皿の部分をとってしまいました。たしかに少々こみいっていましたが、監がわからなくなったのが残念です。

龍

音リュウ
訓たつ

竜　瀧

●新字体は人気なし

［字のつくりと意味］　あたまに辛の飾りをつけた蛇身の獣のかたち。想像上の神獣の象形（というのも少しへんですが）。洪水神・水神とされ天子・王のたとえにも用いられます。「登竜門」をはじめさまざまな言葉に登場するのはごぞんじでしょう。龍を部分にした字には、「瀧（滝）」、「籠かご」、「朧おぼろ」、襲撃の「襲」、寵愛《ちょうあい》の「寵」、玲瓏《れいろう》の「瓏」などがあります。

［新字体について］　『康熙字典』にも古文として収録されているものを採用しましたが、まったくの不人気。旧字体のほうが通用している気がします。

獵

音リョウ

猟

●「たてがみ」をなびかせて

［字のつくりと意味］　巤リョウは、馬などのたてがみ（鬣）。犭（犬）をそえて、馬を走らせて狩りをすること、また、猟犬を使ってたてがみのある獣を狩ること。もちろん「狩猟」「猟夫」と使われますが、「渉猟」「猟書」「猟官」「猟奇」など「あさる」の意味でもよく使われます。巤を部分として、蠟燭《ろうそく》の「蠟」、臘月《ろうげつ》の「臘」などの字がうまれています。

［新字体について］　巤を、鼠《ねずみ》の略字として使われていた「鼡」に置き換えました。よく似ていますが、もちろん巤と鼠は別の字です。

兩
両
音リョウ

●一両小判の重さ

「二つ」の意味で使われる「両」は重さの単位でもあります。中国の前漢時代までは約十六グラム、これが日本で江戸時代末まで使われた一両の重さでした。では一両小判の重さはというと江戸の中頃までは十八グラムほどでしたが、改鋳が度重なり、幕末にはなんと三・三グラムしかありませんでした。

[字のつくりと意味]　てんびんばかりの二つのおもりのかたち。これで「二つ」の意味、重さの単位もあらわします。一説には荷車を牛馬の首につなぐ軛《くびき》の象形で、輛のもとの字ともいいます。はかりのおもりの「二つ」ですから、両者ならぶ意味合いのふくまれた「二つ」です。「両極」「両端」「両親」「両雄」「両輪」など、対のイメージがありますね。兩を部分にした字もあります。

技倆《ぎりょう》の「倆」は、両手の手わざ、または細かな物をはかるわざです。現在では「技量」と書き換えられています。車輛《しゃりょう》の「輛」は、両輪の車をさします。こちらも「車両」と書き換えられたり、「輌」という擬似新字体を見かけます。

重量単位の両は、中国・前漢まで十六グラム、隋唐以降は約三十七グラム。日本では古代から江戸時代まで約十六グラムでしたが、江戸時代には貨幣単位に使われることが主になりました。

[新字体について]　筆写体をそのまま採用しました。旧字でも新字でも満（滿）の部分と似ていますが、ほぼ関係はありません。

緑

緑

漢音リョク
呉音ロク
訓みどり

錄
祿

●「みどり」は「みづ（水）」の関連語？

この字も「彔」の解釈が分かれます。水に関係するのか木に関係するのか、どちらともいえません。ちなみに日本語「みどり」は、「みづ」の関連語だといわれています。

［字のつくりと意味］　彔ロクは、つるべ井戸の滑車のあたりに水があふれるさまといいます。一方『説文解字』などの説では、木に穴や筋を刻みこむかたちで、氺は飛び散る木くずだといいます。糸をそえて、水の色の糸で「みどり」だという一方、『説文』ではただ「青黄色の帛《きぬ》」とするだけです。というわけでよくわからないのですが、水そして植物の「緑色」をさす字です。「緑水」「緑雲」「緑陰」「緑雨」などなど。

「錄（録）」は、青銅器などの金属器に字などを記すこと。「刻む」の解釈がこちらでは生きてきます。「記録」「採録」「目録」、記録から「録音」「録画」です。

「祿（禄）」は、もともと「さいわい」の意味。役人の給与「扶持《ふち》」をあらわします。「俸禄」「禄高」、元号の「元禄」。人名用漢字の新字体です。

ほかに見かける字としては「碌《ろく》でなし」の「碌」がありますが宛字です。あとは、剥落《はくらく》の「剥」、平成二十二年追加の常用漢字でもとの形のままです。

［新字体について］　彔の上部の彑いのこがしらを彐に置き換えた形。緑と同じ省略法です。

戾

戻

音 レイ
訓 もどる

涙

●戸口にいる犬

じつは「戻」の字に「もどる」の意味はありません。「信義にもとる」の「もとる」「そむく」の意味。日本で「もどる」に宛てられた字です。

[字のつくりと意味]　戸＋犬。荒々しい犬が戸口にいるさまで、近づけないので「そむく」でしょうか。戸口にいけにえの犬をうめて邪霊の入るのをふせぐことという説もあります（白川静氏）。また『説文解字』では戸の下を身をねじまげて出る犬のさまとして「捩《ねじる》」の意味をあげています。

ここで気をつけたいのは旧字体は「犬」だということ。新字体で「大」になっているものがじつは「犬」だという字があるのです。突、器、臭、類などは旧字体では「犬」です（152頁参照）。そう考えるとそれぞれの字源も納得いくかと思います。ただし、「涙（淚）」の字源はよくわかりません。

もう一つ、「戸」の問題もあります。旧字体では戸の第一画は左はらいで下につづく形です。棒杭に片開きの戸板をつけたかたちがわかります。新字体では横一画で離した形になっていますが旧字体ではすべてこの形です。戸、房、扉、扇、肩、扉、所、偏、編、遍、肇など多くの字が旧字体ではその形になります。そこまでこだわらなくてもと思うのですが、常用漢字にふくまれない字はすべてその形なので致し方ありません。捩、扁、偏、騙、篇などはもとの形のままです。

[新字体について]　述べたとおりで、こうしたマイナーチェンジも多いのです。

禮

礼

漢音レイ
呉音ライ

●「祭禮」はゆたかな感じだが

［字のつくりと意味］ 豊レイは、「あまざけ（醴）」。豊（154頁）でも述べたように「ゆたか」ではありません。示をつけて、あまざけを神にささげて祈る儀式のことをいう字です。その儀礼から「礼」、「礼儀」そして「うやまう」の意味をもちます。「礼節」「婚礼」「典礼」「拝礼」「失礼」「無礼」、そして「礼讃《らいさん》」など。日本では謝意をあらわすこと、そしてその「礼」の金品のこともいいます。

［新字体について］ 『説文解字』には古文として「𥘅」の字をあげています。示をネにあらためて新字体に採用されました。

靈

霊

漢音レイ
呉音リョウ
訓たま

●おどろおどろしい字だが「靈」とは？

［字のつくりと意味］ 霝レイは、雨乞いのために祝詞を入れた器を三つならべて祈ることで、巫は「みこ」。これで雨乞いのために神に祈ることをあらわす字です。神霊の降り来たることをいう字から、神霊そのもの、自然の不思議な力をあらわすようになりました。「精霊」「霊異」「霊験」「霊山」など。本来は、神霊や祖霊をあらわす字で、死んだ人の「たましい（霊魂）」をいうようになったのは後のことになります。「亡霊」「幽霊」。

［新字体について］ 古くから使われていた省略体を採用しました。

歷

歴

音 レキ

暦

●並んだ標木、諏訪の御柱？

秝を、稲束を整然とならべたさまという素直な解釈がなされてきましたが、どうも釈然としません。ここでは白川静氏の説をもとに解説してみます。

［字のつくりと意味］ 禾《カ》は、ここでは穀物ではなく、上部に袖木のある標木（しめき）のことで、鳥居（華表）のようなもの。諏訪大社の御柱のイメージですか。左右二本ならべた両禾（秝）で軍門をあらわすといいます。厤《レキ》は、崖（厂）下の軍門。止は足あとのかたちですから、歴は従軍でたてた手柄、戦功のこと、またその戦功をかぞえること、しらべることをいいます。これで「戦歴」「経歴」です。記録が「歴史」となるわけです。また「すぎる」「ひとつひとつ」という意味もうまれ「歴代」「歴年」「歴訪」「遍歴」と使われます。

「暦（曆）」は、厤（軍門）に神への祝詞を入れた容器「曰」を置くかたちで、軍功を神に報告すること。歴と同様の意味で使われましたが、のちに「曰」にひかれてか「日かずをかぞえる」「こよみ」の意味に使われるようになったといいます。ちなみに日本語の「こよみ」は、日（か＝二日、三日の「か」）読み、からできたことばです。

歴を部分とする字に、披瀝《ひれき》の「瀝」、青天の霹靂《へきれき》の「靂」などがあります。

［新字体について］ 筆写体を見ると晋代の王羲之《おうぎし》のころ（四世紀半ば）から林の形で書かれています。新字体はその形を採用。

練

練

音 レン
訓 ねる

錬 欄 蘭

●「楝おうち」と「棟むね」は大違い

柬と東は字源は似ているのですが、になう音も意味も異なります。新字体の部分では「東」にまとめられていますので注意が必要です。

[字のつくりと意味]　柬カンは、ふくろのなかに物が入っているかたちで、それで「えらぶ」「加工する」の意味をもちます。糸をつけると「ねりいと」、煮たり揉んだりしてやわらかくした糸のことで、これで「ねる」の意味になりました。「ねる」から、技術や芸事をねりあげていく意味にも使われます。「練習」「試練」「熟練」「練達」など。

「錬（鍊）」は、金属を熱し、精製して「ねる」。「精錬」です。こちらは「きたえる」意味合いから「鍛錬」「錬磨」「錬成」とだいぶんハードな感じです。

柬を部分にしたほかの字は、煉瓦《れんが》の「煉」、「楝」、諫言《かんげん》の「諫」など。

柬が門にはいると「闌」、たけなわ、また欄干の意味になり、これを部分としてできた字が、「欄（欄）」。欄干、手すりの意味ですが、そうした枠にかこまれた部分をあらわして「解答欄」「記入欄」のように使われます。艹くさかんむりをつければ「蘭（蘭）」です。人名用漢字の新字体があります。ほかには、絢爛《けんらん》豪華の「爛」、波瀾《はらん》万丈の「瀾」などがあります。

[新字体について]　柬を東に変えましたが、東を部分にするのは「凍」「棟」ぐらいです。あとはだいたい柬なので、常用外漢字、旧字体では間違えないように。

爐 音ロ 炉 蘆

●「囲炉裏」とはなかなかの宛字

虍＋田の部分の字源がよくわかりませんが、「くるりとまわる」「めぐる」の意味が共通するようです。「盧」が部分になる字がいくつかあります。

［字のつくりと意味］　𧆛リョは「くるりとまわる」の意味だといいます。盧は轆《ろく》轤《ろ》を使って作った皿、容器。火をつけて、火いれの容器、また火をとりかこむようにしきってある場所で「爐」だといいます。ついでながら「めぐらす」心で、配慮の「慮」、からだをひとまわりつつむので「膚」だといいます。

「蘆」は、水辺をとりまく草の意味でしょうか、「あし」です。炉と同じ省略法の人名用漢字「芦」があります。兵庫県の芦屋市はこちらの字です。

「廬」はむずかしい字ですが「いおり」。「庵」は屋根を覆うこと、「廬」はまわりを囲むこと。俳人飯田《いいだ》蛇笏《だこつ》・龍太《りゅうた》の自邸を「山廬《さんろ》」といいました。

ほかには、轆轤の「轤」、驢馬《ろば》の「驢」、顱頂《ろちょう》部の「顱」、魚の「鱸《すずき》」など。濾過《ろか》の「濾」は盧ではなく慮のほうですので間違えないようにしてください。

さて「囲炉裏」ですが、じつは語源がはっきりしていません。昔から地方ごとにイロリ・ユルリ・イリリなどの名でよばれていましたが江戸時代になって「囲炉裏」の字が宛てられました。「囲む」「炉」「裏うち」でなかなかのものです。

［新字体について］　筆写体の俗字を採用しました。ただし常用漢字で盧の部分をもつのはこの字だけです。

郎

郎

音ロウ

廊
朗

●良い実をえらびだす

良を部分にもつ字も多いですね。こちらは素直に「よい」の意味をもちます。新字体でもそのままの形、右側のつくりでもそのままですが、左側、偏になると良の形に省略されます。

[字のつくりと意味]　良《リョウ》は、穀物を流して「よい」ものをえらぶ道具のかたちです。風をあてて籾殻を吹き飛ばす、近年まで使われていた「唐箕《とうみ》」の原型のようなものでしょう。良否を選別するので「よい」の意味です。良に、阝（邑《むら》）を加えて、村の「いい男」、「おとこ」「わかもの」の意味です。「郎党」「新郎」「野郎」。ただし「郎女《いらつめ》」「女郎」は女性ですが。

郎を广にいれて「廊（廊）」。良を浪と解釈して波うつような「わたどの」「ひさし」といいます。「廊下」「回廊」「画廊」。ほかに郎を部分とする字としては、蟷螂《とうろう》の「螂」、琺瑯《ほうろう》の「瑯」、檳榔樹《びんろうじゅ》の「榔」など。

「朗（朗）」は、良い月で「ほがらか」です。「明朗」「晴朗」「朗読」「朗報」。

ほかの良を部分とする字としては、浪、狼、粮、踉、莨などの字があります。

[新字体について]　さきに旧字体についていえば、良の第一画を縦ではなく横一線につくる活字も多かったのですが（部分でも同）、あくまでも活字のデザインです。新字体では偏になると良の形に省略されますが、似た形の艮は皀の省略形ですので（66頁参照）、点のあるなしをご注意ください。

灣
湾
音ワン

●新字は「彎」の代用字

「灣」の字がもっとも大きくとりあげられたのは「眞珠灣」攻撃の新聞記事かと思いましたが、そうではありませんでした。当時の情報伝達や統制の影響もあるのでしょうか、見出しは「ハワイ・ホノルル島攻撃」、メインはやはり宣戦布告の記事でした。

［字のつくりと意味］　變（149頁）で述べたように、䜌の部分がよくわかりません。ここは『説文解字』以来の説を踏襲しますと、絲のあいだに言がはさまって、糸がもつれるように言葉がもつれる、したがって䜌は「みだれる」の意味ということです。䜌に弓を加えて、弓なりにまがるさまが彎曲《わんきょく》の「彎」です。そして彎に氵（水）をそえれば、弓なりになった入り江で「灣」ということになります。

常用漢字に入れられて湾と新字化されましたが、彎は常用漢字に入りませんでしたので、その書き換え字に用いられて「湾入」「湾曲」のように使われています。

擬似新字体「弯」も見かけます。

䜌を部分にもつ字としては、痙攣《けいれん》の「攣」、団欒《だんらん》の「欒」、親鸞《しんらん》の「鸞」などがおなじみのあたりでしょうか。

［新字体について］　変、恋と同じように、䜌を亦に置き換えた形です。筆写体での省略法を採用しました。述べましたように「湾曲」は旧字体で書いても「灣曲」にはなりませんのでご注意ください。

旧字あれこれ

マイナーチェンジいろいろ

ほかにも新字体にするときに細かな改変がなされた字があります。画数を変えずにこっそりなおしましたみたいな字も多いのですが、字源的には問題があります。

「巻」の旧字体は「卷」。下は己ではありません。「圏」も同様です。「港」の右側は旧字体では「巷」です。「選」は「選」です。

「頼」「瀬」の頁の部分は旧字体では「負」です。刀をクにあらためるパターンでは負になってしまうので頁にしたのかもしれません。ちなみに「顔」の旧字体は「顏」です。

「姫」は旧字体では、女＋「𦣝」の形。

「届」の旧字体は「屆」。

「回」には「囘」の字がありました。古字とされていて旧字体ではありませんがよく使われていました。「廻」もその形でつくったものがありました。

「温」は「溫」。𥁕は、皿の上の器のなかであためられた煮物などが動いているさまだといいます。「媼《おうな》」、蘊蓄《うんちく》の「蘊」はもとの形のままです。

「間」を「閒」とする形がありましたが、とくに旧字体というわけではなく、使われるのは「内《うち》田《だ》百閒《ひゃっけん》」ぐらいです。簡をその形につくるものもありました。ただし熱燗の「燗」はこちらが優勢です。

「拝」の旧字体は「拜」です。どうしてこの字だけ扌ではなく手のままなのかよくわかりませんが『康熙字典』でもこの形です。

3章

漢字の歴史と基礎知識

漢字の歴史

●甲骨文字と金文の発見

漢字が発明されたのは今から三千年以上前、中国・殷《いん》王朝（紀元前十六世紀～紀元前十一世紀）の時代だといわれます。

十九世紀まで漢字については、筆写・伝承されてきた古代の書物（いわゆる四書五経、史書）や古代の字書・辞典によって研究がなされてきました。

一八九九年、真偽の程は定かではありませんが、ある学者が北京の漢方薬店で竜骨（そう称して薬として売られていた）に刻まれた文字を「発見」しました。しばらく経緯があり、一九二八年、その骨が盗掘された場所（河南省小屯《しょうとん》村）で発掘調査が行われ、紀元前十三世紀以降の殷王朝の都（殷墟《いんきょ》）が発見されました。その後何度も発掘が行われ、殷王の墓所からは文字の刻まれた亀の甲羅・獣骨が大量に出土しました。この甲骨に刻まれたものが、漢字のもっとも古い形を示す甲骨文字「甲骨文《こうこつぶん》」とよばれるものです。おもに占いに関して記されたもので、文字数は約五千、のちの時代まで使用されて解読できる文字は約二千でした。

同時に青銅器も発掘され、そこにも数は少ないながら銘文が刻まれていました。その器の製作意図・由来などが記されていたのです。金属器（青銅器）に刻まれた文字なので、こちらは「金文《きんぶん》」とよばれます。この殷金文は数は少ないのですが、つぎの周《しゅう》王朝（西周《せいしゅう》：紀元前十一世紀～紀元前七七〇年頃）には青銅器文化が花開き、鼎《かなえ》・祭器などに鋳込まれた文字数は約四

千、解読できる文字は約二千でした。こちらを西周金文とよび、殷金文とあわせて、ひろく金文とよびならわします。

この紀元前十三世紀から紀元前八世紀までの、甲骨文と金文が漢字を読み解くための最古の資料ということになります。述べたように甲骨文・金文の本格的な発見は二十世紀前半のことで、これをもとにした漢字研究はまだ百年足らずの新しい学問であることが理解できると思います。

●字形の多様化と統一

紀元前八世紀、周王朝は衰え、各地の諸侯が分立する春秋・戦国時代に入ると漢字の字形も多様化します。東方では大国斉《せい》を中心に簡略な字形が使用され、これが『説文解字《せつもんかいじ》』（後出）では「古文」とよばれるものと推定されます。東南の呉越《ごえつ》地方では筆画の先端に鳥や虫の形を装飾的に加えた鳥虫書が生まれ、西方の秦《しん》では方形の重厚な字形「籀文《ちゅうぶん》」が使われます。籀文は、鼓形の石に刻まれて残されていたため「石鼓文《せっこぶん》」、また後の小篆《しょうてん》に比較されて「大篆《だいてん》」ともよばれます。

紀元前二二一年、秦王朝は中国を統一、それまでの封建制度を改め中央集権制を敷き、各地で独自の変化をとげていた漢字も統一しました。籀文を基礎にして筆画を整理した、「小篆」「篆文《てんぶん》」とよばれる字形です（「篆」とは筆をくるりと回す意味だといわれます）。印章などの篆刻でその字形を目にしたことがあると思います。

秦の短い王朝が終わり漢《かん》代（前漢《ぜんかん》：紀元前二〇六～紀元八年）になると、政治の安定にともない歴史を考究する気風、文字に対する意識が昂進し、古文献・史料の蒐集・探究なども行われるようになります。漢字についても考察が試みられ、まず前漢の早い時期に漢字の意味を解釈した最古の辞典『爾雅《じが》』が成立します。やがて後漢《ごかん》時代（紀元二五〜二二〇年）になり、漢字の字形・字源を明らかにするという意図のもと編まれた「字典」、『説文解字』が成立します。

●『説文解字』

後漢の許慎《きょしん》によって編まれた字典が『説文解字《せつもんかいじ》』です（紀元一〇〇年成立）。収録字数は九三五三。当時の残存資料（籀文、各地の古文）などを渉猟し、現行の篆文によって字形の解釈を試みたものです。もちろん彼は甲骨文・金文のことを知る由もありませんでした（金文は可能性があったかもしれませんが）。

字形の解釈にもまして画期的だったのは、部首をたて（五四〇部首）、それごとに漢字を分類したことでした。さらに、漢字の構成法を六種類に分け、それを解説しました。これが現在まで使われている「六書《りくしょ》」（象形・指事・会意・形声・転注・仮借）の分類法です。本文に出る範囲で少し説明します。

象形《しょうけい》は、ものの形を象（かたどる）ことです。「日」「月」「龍」「龜」。

指事《しじ》は、事物の関係を指し示すことです。たとえば「上」「下」の字は、それぞれ横一画の線の上・下に点をうったかたちです。

会意《かいい》は、象形や指事などの字を組みあわせて新しい字をつくることです。『説文』は「武」「信」を取り上げ、それぞれ「戈ほこ」を「止やむ」（本来は足あとの象形か）、「人」の「誠」（本来は人＋祝詞か）と説明しています。

形声《けいせい》は、意味の限定符に、音とある程度の意味をになう音符の字を組みあわせて新しい字をつくることです。「江」「河」は、それぞれ水をあらわす氵に、音符工《コウ》を加えて「長江」の意味、音符可《カ》を加えて「黄河」の意味をもたせています。

じつはこの形声と、さきに述べた会意の方法が、次々と新たな漢字を生み出す「作字法」となりました。何万字といわれる漢字の約七〇％が会意・形声に分類されるといわれます。

転注《てんちゅう》については、音符のもつ共通の意味によって字をつくっていく方法かと思われますがはっきりしていません。

仮借《かしゃ》は、意味をあらわす音はあるが字のないものを、別の字を借りてきて宛てるという字の用法をいいます。少々わかりにくいかもしれませんが、「われ」の意味の wo, yu という音がさきにあって、もとは別の意味をもっていた「我」「余」の字を宛てたというものです。「東」「西」などもそうで、もとは方位をあらわす字ではありません。

この『説文解字』の六書の分類と部首だてが、その後の字典の基本構造として踏襲されていくことになります。また、なによりも二十世紀の甲骨文・金文の発見まで『説文解字』が漢字の字形研究の基本文献となったのでした。

● 隷書から楷書へ

秦・漢の時代の竹簡・木簡も発見されています。

竹や木に、筆と墨で字を書くということを考えたとき、運筆はどうなるか。紙の発明は後漢

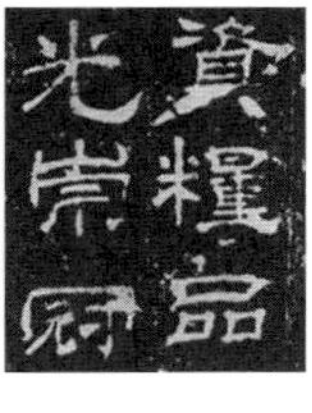

隷書：西嶽華山廟碑

楷書：王羲之・黄庭経

前期とされるため、まだこの時代の筆写材料は圧倒的に竹か木ということになります。甲骨文や金文は文字を刻み込むので「筆づかい」はあまり関わりはありませんでした。まず、竹簡・木簡だと細かい点画には不便でした（簡単な「古文」が使われているものも多い）。そして運筆を考えると、直線が主体となり、筆写の速さが考慮され、さらに筆のさばきから「おさえ」「はね」が生まれることになります。こうして「小篆」の点画が大きく省略され、運筆に便利なような形に変化したものが「隷書《れいしょ》」の字形です（発明したのは秦の程邈《ていばく》とされますが、小篆の発明者が李斯《りし》というのと同じような伝説でしょう）。

後漢の時代に隷書は成立し、字形としては、これが漢字の基本字形となって、その後の一八〇〇年間を迎えることになるのです。

後漢末、隷書の筆端の「さばき」をおさめたかたちの「楷書《かいしょ》」、そして隷書の運筆の速さを増して字画をひとつながり、省略した「草書《そうしょ》」も生まれます。いずれも字形としては隷書のままであり、これ以降はいわゆる筆づかいの違いの「書体」といっても差し支えはないでしょう。やや遅れて、楷書、草書の中間書体として「行書《ぎょうしょ》」（ちまたで流行したので「行」といいます）も生まれます。楷書のくずしとして、行書、草書と順にできていったと思われがちですが、このように成立としては前後します。

●漢字の生命力

漢代以降、中国はいくつもの王朝が興亡します。漢ののち魏晋《ぎしん》南北朝、隋唐宋《ずいとうそう》と続きますが、その後はたびたび、遼《りょう》、金《きん》、元《げん》さらに清《しん》と、漢字文化をもたない異民族による征服王朝が中国

契丹文字

女真文字

パスパ文字

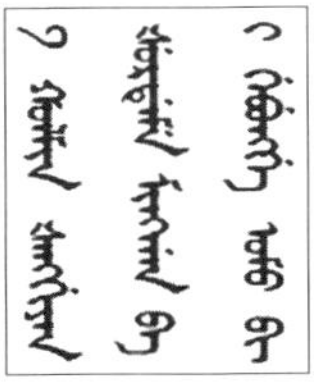

満洲文字

を支配することになります（遼、金は北半分の支配）。その時代に漢字はどう扱われたのでしょうか。

遼（九一六〜一一二五年）は契丹《きったん》族の王朝です。王朝成立後に、西アジアのアラム文字系統のウイグル文字と漢字の要素を組みあわせた契丹文字を作りました。

金（一一一五〜一二三四年）は女真《じょしん》族の王朝です。契丹文字と漢字を参考に、それぞれの文字要素を組みあわせた女真文字を作りました。字形としては現在の中国の簡体字のようなイメージがあります。

元（一二七一〜一三六八年）は、チンギスハンの孫フビライによるモンゴル族の王朝です。モンゴル族はウイグル文字をもとにしたモンゴル文字、チベット文字をもとにしたパスパ文字（こちらが正式の文字らしい）を作り、使用していました。漢字の影響はまったくなかったといえるでしょう。

清（一六一六〜一九一一年）は女真族の王朝です。女真文字とはまったく別にモンゴル文字をもとにした満洲《まんしゅう》文字を作りましたが、1章の『康熙《こうき》字典《じてん》』のところで述べたように（16頁）、清朝は急速に漢字文化を吸収しましたので、清末のころは王族でも満洲文字は読めなくなっていました。

それぞれの王朝が独自の文字を作り、使用しましたが、結局は支配層だけの使用にとどまりました。被支配層の圧倒的な数の民衆は中国人（漢民族）だったわけで、そちらでは漢字が使われていたのです。清朝は別として支配には通訳を介することが必要だったでしょう。漢民族を徹底的に差別した元王朝でも漢字（言語）の使用を制限するということまでは行われませんでした。辮髪《べんぱつ》、服装（現在いう中国服）などで身なりにまで満洲風を強制した清朝の支配でしたが漢字についてだけは別物だったようです。
ということで、漢字文化は断絶もなく現在まで続くことになりました。

●漢字を取り入れた国々

漢代以降、東アジアで強大な国家となった中国は、ベトナム（越南）を支配下に治め、近隣諸国を冊封《さくほう》（朝貢させて臣下の国として認める）の関係でゆるやかな支配体制を敷きました。朝鮮半島、台湾、琉球、内モンゴル、雲南省の南詔《なんしょう》（大理国《だいり》）がそのあたり、日本、扶南《ふなん》（カンボジア）、明《みん》代のマラッカ王国は朝貢はしても冊封は受けない「入蕃《にゅうばん》」の扱いでした。こうした国々は文字はまだもたず、また、中国との関係を保つために漢字を移入しました。まず中国との文書のやりとり、交易、人の対応はもちろん漢字・漢文を使います（当然、中国音です）。そして自国語を表記するために漢字を用いることにしたのです。言語体系は大きく異なりますので、日本の万葉仮名《まんようがな》（後出）のように漢字の音を借りた表音式での表記でした。

こうして漢字を用いて自国語表記を行ったのは朝鮮半島諸国、ベトナム、日本でした。公文書、教養人の著作は漢文で行われましたが、一般の人々の通用文字として日本で漢字を省略した片仮名・平仮名が使われたように、ベトナムでは漢字から作られた字喃（チュノム）が用いられ、漢字との混ぜ書きも行われました。

朝鮮半島では吏読《りとう》・郷札《きょうさつ》とよばれる漢字による表音表記法が行われましたが、一四四三年に李《り》朝の世宗《せそう》による訓民正音《くんみんせいおん》法制定によってハングルが作り出され、一時は漢字との混ぜ書きも行われましたが、現在ではハングルだけの表記になっています。ベトナムも一九四五年の阮《げん》朝滅亡により字喃・漢字を捨て、以降はローマ字表記になりました。

現在、漢字を使用している国は、中国（簡体字ですが）そして中華民国政府が移った台湾（繁《はん》体字《たいじ》）、そして日本だけということになります。

漢字の渡来と日本的な変化

●漢字の移入

日本への漢字の渡来は、文書の形のもので四世紀末〜五世紀（応神《おうじん》朝に百済《くだら》の王仁《わに》が『論語』と「千字文」を伝えたといいますが真偽不詳）、邪馬《やま》台国《たいこく》への返使が三世紀、志賀島《しかのしま》の金印が本物なら一世紀と、さまざまな考え方はできますが、かなり古い時代から朝鮮半島や中国大陸との交渉はあったはずで、そこで漢字や漢字音が日本に伝えられることは自然のなりゆきだったでしょう。一説によれば紀元前二世紀まで遡れるといいます。

最初はもちろん中国人との会話のために中国語を使い、漢字も中国音で発音していたでしょう。また、朝鮮人と漢字を介して会話したかもしれません。そして、ようやく手に入れた文字によって自国語（日本語）をなんとか綴ろうと試みました。どちらが先とは言えませんが、漢文（中国文）を読み解く上で、この字は日本語では何にあたるかということを考えるのは当然のことで、日ニチは「ひ」、月グヮチは「つき」のこと、思シは「おもふ」か、では想サウ・念ネンも「おもふ」か、心シンが「こころ」なら……というぐあいに漢字それぞれに日本語の意味をあて、それをその字の読みにしていきました。これが「訓《くん》」読みです。ただし、手探りと想像（字形の解釈）でやりましたので中国での本来の意味とは違ってしまったものも多々あります（「国訓《こっくん》」といいます。後述）。

一方、漢字の音をそのまま借りて日本語を表音式に綴る方法も行われました。こちらが後世「万葉仮名」とよばれたものです。

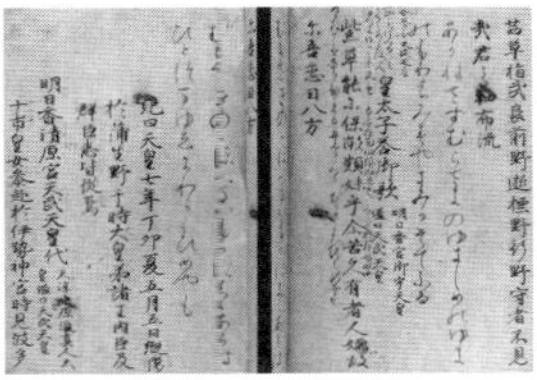
元暦校本万葉集（古河本）（東京国立博物館蔵）

●万葉仮名——漢字の表音利用

漢字の音を利用して和語（日本語）を表記しようとしたものが「万葉仮名《まんようがな》」とよばれるものです。『万葉集』そして『古事記』『日本書紀』の歌謡の部分で使われているため後世この名前がつけられました。

たとえば、「よのなかは　むなしきものと　しるときし」は「余能奈可波　牟奈之伎母之等志流等伎子」と綴るものです（『万葉集』巻五・七九三）。漢字の音と一部訓も用いています。

もう一首有名な歌で見てみましょう。

茜草指　武良前野逝　標野行　野守者不見哉　君之袖布流

さあどうでしょうか。なんとなくわかるでしょうか。漢字仮名交じりにしてみます。

茜さす　紫野行き　標野行き　野守は見ずや　君が袖振る（巻一・二〇　額田王）

「茜草」で「あかね」、「指」で「さす」、これは訓読。「武良前野」これは「むら」が音、「さきの」が「前」「野」で訓、「不見」は「みず」で漢文読み、となかなか複雑です。

じつは『万葉集』成立から約二百年後、平安時代の前期にはすでに多くの歌が読めなくなっていました。中古音を表した万葉仮名の音の推定が難しくなり訓読の複雑さも障碍となりました。そこで天暦五年《てんりやく》（九五一）、村上天皇《むらかみ》が歌学者のグループ「梨壺の五人《なしつぼ》」に命じて「解読」させたという経緯もあります。現在でも『万葉集』のすべての歌が解読されたわけではなく、読みが諸説あるものもあります。

余談ですが、後世、この万葉仮名の解読によって、日本語が四七音＋濁音二〇の六七音ではなく、古代には一部母音の使い分けがあって、全部で八七音（または八八音）であったろうことが発見されています（「上代特殊仮名遣い」の発見）。

漢字の音について

日本に漢字とともに漢字音が伝わり、どのように受容されたかを述べる前に、中国語を少しでも齧ったことがある人を除き、おそらく大多数の人が見落としている点に触れておきましょう。それは、漢字は〝一文字が一音節〟である、ということです。

私たちはたとえば「解説」という熟語を「カ・イ・セ・ツ」と四音（四音節）で読んでいますが、中国音で読むと「jiě・shuō　ジェ・シュォ」と二音、つまり漢字一字はかならず一音節で読まれるのです（これは現代の北京音ですが古代も事情は同じです）。

漢字渡来のころ、いわゆるネイティブから習得して、そのまま発音できた古代日本人もいたことでしょうが、不器用な日本人の発声法（最後が母音になる開音節になる）ではうまく発音できず、たいていあいだに母音を挟み込み、一音のものも二音で発音するようになったのです。「解」もおそらく古代は「カィ」と口の中で噛むような音だったものを「カ・イ」としっかり二音で読むようになってしまいました。

適切かどうかわかりませんがよく話題になる例を挙げてみましょう。

「十」を単独では「ジュウ」と読みますが「十個」は「ジッコ」です。「執着」は「シュウチャク」ですが「執筆」は「シッピツ」になります。どうしてか？

「十」も「執」も漢字音としては同じ仲間になります（むずかしいですが「入声《にっしょう》の十四緝」というグループに属します）。日本に伝わってきたときそれぞれ「jip」「ship」という音だったと思われます。さあ、うしろの「プ」が難しい（「プ」ではないのです）。これを古代人は「ジフ」「シフ」ととらえました（また、そう表記しました）。そうなるとどうなるか、旧仮名遣いをごぞんじの人なら「ジフ」「シフ」は「ジュウ」「シュウ」と読みますね。したがって「十」は「ジュウ」、「執」は「シュウ」と二音で発音されるようになりました。ところが「十個」「執筆」になると、あいだに「つまる」音（促音）が挟まる形で本来の「ジプ」「シプ」がよみがえるのです（「プ」は発音されませんが）。「ジプコ（ジッコ）」「シプヒツ（シッピツ）」ですね。

そういえば、先生が「ジュッコ」でなく「ジッコ」と訛っているという小学生保護者の投書というのを見たことがありますが……。

●呉音・漢音・唐音

漢字の音について、漢音《かんおん》、呉音《ごおん》まれに唐音《とうおん》という語を聞くこともあるかと思います。これは日本人が中国の漢字音を、いつの時代に、どう聞いて、日本での漢字音としてどう伝えてきたか、というものだといえるでしょう。

まず「漢音」から説明しますと、これは遣隋使・遣唐使によって日本から中国に渡った留学生が、隋・唐の都長安《ちょうあん》や洛陽《らくよう》で正式に学んだ中国音、そしてそれが日本化した漢字音です。八世紀末ごろの北方の中国音です（おわかりのように「漢」はあくまで中国をさしているだけで漢王朝とは関係ありません）。延暦《えんりゃく》十二年（七九三）には漢音を正式な音とせよという詔勅も出されています。儒教の経典、歴史書などは漢音で読まれる場合が多いです。

「呉音」は、五～六世紀に長江下流の南中国から伝わった漢字音です。私貿易、個々人の往来、仏典や文物の渡来とともに順次伝わってきたものです。漢音以前の音として古くから根づき、仏教語や日常生活の言葉のなかに多くのこされています。漢音に対する南の音として、のちに呉音と名づけられました。ただし、呉音、漢音の違いは地域差というよりも、話されていた時代の違いという性格のほうが強いようです。

「唐音」は、平安時代中頃から江戸時代末までに伝わった新しい音の総称です。中国では宋・元・明・清朝にあたり、禅僧、訳官、中国商人などによってもたらされた音で、「行灯」のアン、「椅子」のス、「蒲団」のトン、「饅頭」のジュウ（ジウ）、「鈴」リンなどが唐音にあたります。もちろん唐王朝とは関係ありません。

「慣用音」というものもありますが、だいたいは読み間違い、類推の失敗で生まれた音です。たとえば、筍・荀はシュンが正しい音だが旬の呉音ジュンに引かれてジュン、「洗滌」はセンデキが正しいが條ジョウに引かれてセンジョウと読むようになりました。こうした形声字（182頁参照）の音符からの誤った類推の結果というものがあります。また、「適当」の適は漢音が二つあり、「よつぎ」（摘出子）の意味がテキ、「かなう」「あたる」の意味ではセキ、したがって本来は適当・適するはセキトウ・セキするのはずですがテキで定着してしまっています。

こうした意味による使い分けの不理解。また、立の音はリュウ（リフ）で、先ほど述べた「十」「執」と同様の音をもち、「立春」「立冬」のときには「リッ」となりますが、それを「リツ」と誤認して「独立」ドクリツのように使われるようになりました（「執事」のシツも同様の誤認です）。これらの滌ジョウ、適当の意味のテキ、立リツ・執シツなどをまとめて慣用音とよんでいます。

●「日本語」になってしまっている漢字音

呉音以前に伝わった古音もあります。すっかり日本語化して、現在の日本語のなかにまぎれてしまったものもあります。もともと日本になかった〝もの〟が漢字の名とともに伝わってきた場合、その音がそのまま名称として日本語になる、というパターンもけっこうあります。たとえば、「馬」「梅」。それぞれマ、メが中国音ですが、日本人は語頭の強いm音をンマ、ンメと聞き、これをウマ、ウメと考えました。「菊」は伝来が平安時代前期と少し時代は下りますが、音キゥク（キク）のまま定着しました。「竹」（たけ）もおそらく音チクからの転化だといわれています。

文物では、「紙」（かみ）は、漉かれた紙ではなく、字が書かれたもの「簡」の音カンからの転化といわれています。「文」（ふみ）は音フンから、「筆」（ふで）もおそらく音ヒッ（チ）からではないかと思われます。「絹・衣」（きぬ）は絹の音キェンの転化といわれます。「銭」（ぜに）は音センの転化、「縁」の「えにし」は音エン→エニ＋強意の「し」です。

このように語末のm、n音に日本人が発音しやすいように母音がついた形が多いですね。

もう一つ古音の例を挙げておきましょう。
「人間の悲しいさが」などと使われる「さが」は、宿命や性質の意味です。「性」という字も使われますが、どうやら、様子・すがたを表す「相」の音シェアングの転化「サガ」（語末ののみこむg音に母音aがついた形）のようです。日本各地の旧国名は大宝律令《たいほうりつりょう》（七〇一年）によって漢字二字に統一されましたが、現在の神奈川県に重なる「相模《さがみ》」はこの「相」の古音サガがあてられたものです（サガ＋ム／モ）。

＊筆者は中国の中古音は不案内です。韻目表頼りに述べてみましたが間違いがありましたらご叱正ください。

●同音異義語

こうした漢字音の日本での受容が、漢字熟語の同音異義の多さを生み出しました。同じ発音で違う意味の熟語のことを「同音異義語」といいます。1章でも少し触れたように、たとえば同じ「コウショウ」と読む熟語でも「交渉」「考証」「口承」……と意味が異なるもののことです。

では、それぞれコウショウと読む熟語を中国音（現代の北京音ですが）とともに挙げてみましょう。（　）内は参考用の字音仮名遣いです。

交渉 jiāo shé（カウセフ）　考証 kǎo zhèng（カウシヨウ）　口承 kǒu chéng（コウシヨウ）　公称 gōng chēng（コウシヨウ）　高尚 gāo shàng（カウシヤウ）　鉱床 kuàng chuáng（クワウシヤウ）　校章 xièo zhāng（カウシヤウ）……ほかにも、工匠、公傷、哄笑、厚相、行賞、口誦などいくつも思いつくでしょう。

ご覧のように日本では「コウショウ」と一まとめにしてしまっているものが中国音ではすべて使い分けられています。口承と公称の cheng が同じだと思われるかもしれませんが、chéng, chēng と声調（同音でも抑揚を変えて発音すること）が違います。日本人の発音の不器用さ（そもそも音韻体系が違うのでしょうがないのですが）が、このように大量の同音異義語を生み出す結果となったのです。

字音仮名遣い（漢字音を表記するための旧仮名遣い）でおわかりのように、古い時代にはたしかに発音が使い分けられていたのですが、早い時期にいずれもコウショウになってしまいました。表記にはなんとかそれが残されていたのですが、現代仮名遣いでは「こうしょう」に統一されています。

●同訓異義

同音異義について取り上げたついでに「同訓異義」についても述べておきましょう。

同訓異義とは、おなじ「あう（あふ）」という日本語を漢字で「会う」「合う」「逢う」「遭う」「遇う」「値う」などと使い分けることをいいます。よく、人には「会う」で物事には「合う」、事件には「遭う」だとかいわれますね。ただし漢字の受容のところでも述べたように、漢字が移入されるまで日本語（和語）には「あふ」の一語があっただけでした。本来、なにかとなにかが「あふ」ことがすべて「あふ」だったわけで、和語の守備範囲の広さというのか曖昧さとでもいうのでしょう（というよりも未分化といったほうがよいのかもしれません）。そんなところに漢字が入ってきたもので、これは便利だとばかりに「あふ」に対応するそれぞれの意味をもつ漢字を宛てて、それぞれに「あふ」の訓をあたえていったのです。もともとが一語だったわけですから同訓異義の字が増えるのは当然のことでした。

ただし、漢字がそれほど使い分けられているかというとそうでもないのです。人は「会」、物は「合」かというとそんなことはなく、「会」はひろく「あう」、「合」は「重なり合う・合致・合一」となら使い分けられます。「逢」「遭」「遇」となるとあまり意味に違いはありません。「逢」をことさら「逢引き」のように使うのは何か文学作品の影響でしょうか。

「あつい」の、「熱い・暑い」「厚い・篤い」のように、おそらく別系統の語源という場合もありますが、同訓異義の漢字の使い分けについては、どちらが正しい誤りだというものでもなく、めくじらを立てるほどのものではないのです。迷うようでしたら本来の仮名書きで十分だと思います。

●国訓——じつは中国では違う意味の字

先ほどの「訓」のところで述べましたが、漢字は形声・会意でつくられているものが多いため、組みあわせの要素である程度の意味の推測ができます。木偏に春だから「椿《つばき》」だろうと推測したところ、じつは中国では別の植物（センダン科チャンチン）の名前だったということがままありました。こうしたものを、本来の字の意味と違う訓を日本であたえてしまったということで「国訓《こっくん》」とよびます（ついでながら、熟語「椿事《ちんじ》」も「椿事《とうじ》」の間違い）。

いくつか例を挙げてみましょう。

「鮎」は、神功《じんぐう》皇后の伝説に登場し、各地の占い神事でも用いられる魚なので魚偏に「占」

で「あゆ」と訓じましたが、本来は「なまず」。

「嵐」は山の風で「あらし」だろうと推測しましたが、山の空気の「山気」の意味です。

「沖」は海の中ほどで「おき」と訓じましたが、「水が湧く」、水の中で「深い」の意味でした（ちょっと惜しかったですね）。

「芝」は「しば」ではなく「霊芝《れいし》」など「きのこ」の意味でした。

「杜」は、木偏に土からか「社」に引かれたのか「もり」の訓をあたえられましたが、本来は植物「こりんご」、また「杜絶《とぜつ》」と使うように「とじる・ふさぐ」の意味でした。

ほかに、息を吐く「うそぶく」の意味の「嘘」が、意味の誤解や「口が虚」という字形に引かれて「うそ」を表すようになったという例もあります。

●国字——日本製漢字

漢字にはもともと複数の文字要素を組みあわせて新しい字をつくる「会意」の用法があり、それと形声の用法で何万字もの漢字ができていったのです。これを日本で応用してつくられた字が「国字」とよばれるものです（ほとんどが会意です）。もともと中国にその意味の字がなかったというよりも、そのほうが日本人に馴染みやすい、てっとり早いという事情もあるように思えます。また、日本固有の植物名・魚名のためにつくられた字も大量にあります。

こちらも代表的なものを挙げてみます。

「俤おもかげ」は、兄に弟の姿かたちが似ているから。

「躾しつけ」は、身体や心、立ち居振る舞いを美しくすることをしつけること。

「凧《たこ》」は、風にのせて上げる巾（ぬの）、または八（帆）のように風をはらむから。「峠《とうげ》」は、山を上り、そこから下る場所。「働《はたらく》」は、人が動く。国字にはめずらしく音ドウがあります。「噺《はなし》」は、口から出る新しい話。「毟《むしる》」は、もともと「毟」の字があるにもかかわらず、やはり「手」でむしるだろうと駄目押しをしたような字です。

「込《こむ》」「辷《すべる》」「辻《つじ》」などは「辶」（道、歩く関連）を利用した国字です。

植物名・魚名の国字を羅列しておきます。「樫《かし》」「椚《くぬぎ》」「榊《さかき》」「梻《しきみ》」「椙《すぎ》」「椨《たぶ》」「栃《とち》」「柾《まさき》」「椛《もみじ》」「楪《ゆずりは》」、「鰯《いわし》」「鯎《うぐい》」「鱚《きす》」「鯒《こち》」「鮗《このしろ》」「鯱《しゃち》」「鱈《たら》」「鯰《なまず》」「鰰・鱩《はたはた》」「鯔《ぼら》」などなどです。

●片仮名、平仮名、その後の漢字の使われ方

まず仮名文字についてお話しします。

九世紀の頃、僧侶のあいだで仏典（漢文です）を日本語で訓読するために、文字脇に「万葉仮名」の部分を書き添えることが行われました。もちろん手控えですので簡単に書き込めるよう「乎」「己止」「二」「天」などと漢字そのままではなく、「ヲ」「コト」「ニ（これはそのまま）」「テ」の形に省略したのです。これが「片仮名」のはじまりです。「片」とは万葉仮名の「部分」の意味です。

一方、九世紀半ばに万葉仮名を草書体でくずした「草仮名《そうがな》」も現れます（「讃岐国戸籍帳端書」

八六七年など)。九世紀末には、草仮名をさらに省略したかたちの「平仮名」が誕生します。紀貫之《きのつらゆき》の『土佐日記』(九三五年)はほぼ現在の平仮名と同じ形の「かな」が使われています。一方、草仮名も使われつづけ現在でも変体仮名に名残をとどめています。ちなみに「平仮名」という名称は十六世紀頃、片仮名に対照して付けられたものです。
片仮名、平仮名のもとの漢字(万葉仮名)を少し挙げておきましょう。
「イロハニホヘトチリヌルヲ」(伊呂八二保部止千利奴流乎)
「いろはにほへとちりぬるを」(以呂波仁保部止知利奴留遠)

仮名の発明によって漢字の使われ方、日本の文章にも大きな変化が起こりました。
まず、中国語そのままである漢文は、天皇の詔勅、勅撰の六国史、朝廷の公文書などで使われましたが、ほぼ平安時代末まででした。その後、漢文は変体漢文(日本漢文)とよばれるものに変化していきます。簡単に言えば、「書ヲ読ム」は漢文では「読書」ですが、それを「書読」と書くような文章法です。鎌倉幕府が編纂した『吾妻鏡《あづまかがみ》』(一一八〇年)、『御成敗式目《ごせいばいしきもく》』(一二三二年)などは変体漢文で綴られ、漢字だけ使われ一見漢文に見えますが中国人には読めないものでした。その後、中近世を通して幕府文書、武家文書、町方文書などはこの変体漢文、その一種である「候文《そうろうぶん》」で書かれることになります(「候文」は手紙文として長く命脈を保ち昭和二十年代まで使われました。後ろに例を挙げておきます)。

片仮名の発明は日本独自の文章体「漢文訓読体」を生み出しました。もともと「宣命体《せんみょうたい》」という天皇の命令書・祝詞《のりと》などで使われた、漢語と助詞(てにをは)を万葉仮名で表記する方法もあり、それに僧侶の行った片仮名による訓読が加わり、助詞、動詞・形容詞などの送りを仮名で書き表す文章体ができあがりました。いわゆる漢文の読み下し文で、たとえば「子曰ク、学ビテ時ニ之ヲ習フ、亦説《ヨロコ》バシカラズヤ」(『論語』)という文体です(平仮名も使われます)。この漢文訓読体、それと漢文訓読体をさらに和文に近づけた和漢混淆体《わかんこんこうたい》(『今昔物語集』『方丈記』などの文体)は、ほとんど知識人・教養人の正書法のようになり、近代まで(昭和二十年代ぐらいか)使われました。

一方、平仮名は日本の和文脈の文章を作り出したといえるでしょう。平仮名のことを「女手《おんなで》」とよびますが、それに対して漢字を「男手《おとこで》」とよびます(仮名に対する漢字は「真名《まな》(真字)」とよばれます)。ただし、「女手」が女性専用、「男手」が男性専用だと誤解しないよう。男は言うなれば宮廷貴族のことで官僚ですので、日々役所の公文書を漢字や漢文で書き記している一方、女性との和歌の贈答、手紙のやりとりは平仮名で行います。女性でも宮廷の女官となれば漢文や漢詩も読みこなしますが、日常の日記など文章を綴るときには簡単で便利な平仮名を使いました。この平仮名の使用が、日々の出来事、心の有り様を書き綴るのにまことに都合がよく、やがて日記文学、物語など平安女流文学を開花させ、和文脈の伝統をつくることになるのです。

ちなみに女性が漢字を使わないかというとそんなことはなく、清少納言《せいしょうなごん》の『枕草子』、紫式《むらさきしき》部《ぶ》の『源氏物語』などでも、「春」「秋」「山」「雲」「思ふ」「給ふ」など訓読語、「内裏《うち》」「唐土《もろこし》」など漢語訓読語、「式部」「兵衛」「少将」「関白」などの官職名、「読経」「願文」「法師」「地獄」などの仏教語、さらに「経営」「消息」「屏風」「不便」「無礼」「用意」などなど、漢字・漢語はけっこう使われています。ただし漢字の知識があっても、あまりひけらかすように使うのは女性としてははしたないこととされ、紫式部は清少納言のことを「さばかりさかしだち真名書き散らしてはべるほどに」とからかいながら、当の紫式部も「日本紀《にほんぎ》の局《つぼね》」とあだ名されています。

こうして、漢字と仮名を混ぜ書きにする、漢文訓読体、和漢混淆文、そして和文脈の漢字仮名交じり文が日本の文章語として千年以上続いて現在にいたっているといえましょう。現在の日本語の文章はといえば、和漢混淆文・和文脈の漢字仮名交じり文が江戸時代に口語化したものを、明治時代の小説家たちが文章語として整備しなおしたものといえるでしょう。

先ほど述べました「変体漢文」の生き残り「候文」の例を挙げておきます。明治二十二年五月十三日付正岡子規宛夏目漱石の書簡です。

「今日は大勢罷出《まかりいで》失礼仕《つかまつり》候《そうろう》　然《しから》ば其砌《みぎ》り帰途山崎元修方へ立寄り大兄御病症幷びに療養方等委曲質問仕候処同氏は在宅乍《なが》ら取込有之由《これあるよし》にて不得面会《めんかいするをえず》乍不本意《ふほんいながら》取次を以て相尋ね申候処存外の軽症にて別段入院等にも及ふ間《ま》鋪《じく》由に御座候得共《ござそうらえども》風邪の為に百病を引き起すと一般にて喀血より肺労又は結核の如き劇症に変ぜずとも申し難く只今は極めて大事の場合故出来る丈の御養生は専一と奉　存　候《ぞんじたてまつりそうろう》（後略）」

「候文」は定型があるため目上や未知の人に手紙を送るのに大変便利な文体でした。これは子規宛の最初期の手紙で交友もまだ浅い頃です。漱石も後年は門下や知人には口語体の「ですます調」の手紙を認めています。

「候文」の手紙はだいたい昭和二十年代終わりにはほぼ消滅しました。わずかに結婚案内状、葬儀礼状などに定型の言い回しの部分（「扨此度《さてこのたび》」「陳者《のぶれば》」など）が残されているくらいでしょう。

本書の参考文献

『説文解字』（徐鉉等校定・藤花榭本　一八〇七年）〈早稲田大学図書館古典籍総合データベース〉
『康熙字典』（上海書店出版社　一九八五年）
『大漢和辞典』（大修館書店　一九六八年　縮写版）
『新漢語林　第二版』（大修館書店　二〇一一年）
『新字源』（角川書店　一九八八年）
『五體字類』（西東書房　一九七五年）
白川静『常用字解　第二版』（平凡社　二〇一六年）
白川静『漢字百話』（中公文庫　二〇〇二年）
府川充男・小池和夫『旧字旧かな入門』（柏書房　二〇〇二年）
今野真二『常用漢字の歴史』（中公新書　二〇一五年）

舗|舖…132
ボ 簿|簿…140
ホウ 宝|寶…154
包|包…153
抱|抱…153
泡|泡…153
胞|胞…153
砲|砲…153
飽|飽…153
豊|豐…154
褒|襃…155
ボウ 帽|帽
冒|冒
ボク 墨|墨… 90
ホン 翻|飜…155
|翻…155
マイ 毎|毎…156
まき (人)槙|槇…107
マン 万|萬…157
満|滿…157
メン 免|免…158
麺|麵…141
モク 黙|默… 90
ヤク 訳|譯… 97
薬|藥… 59
ユ 愉|愉…159
諭|諭…159
輸|輸…159
癒|癒…159
ヨ 与|與…161
予|豫…162
余|餘…163
誉|譽…161
ヨウ 揺|搖…164
(人)遥|遙…164
謡|謠…164
様|樣…164
ライ 来|來…165
頼|賴…176
ラン 乱|亂… 95
覧|覽…165
欄|欄…172
(人)蘭|蘭…172
リュウ 竜|龍…166
隆|隆…132
リョ 虜|虜
リョウ 両|兩…167
猟|獵…166
リョク 緑|綠…168
ルイ 涙|淚…169
塁|壘…105
類|類
レイ 礼|禮…170
励|勵…157
戻|戾…169
霊|靈…170
齢|齡… 94
レキ 暦|曆…171
歴|歷…171
レン 恋|戀…149
練|練…172
錬|鍊…172
ロ 炉|爐…173
(人)芦|蘆…173
ロウ 労|勞… 49
郎|郞…174
朗|朗…174
廊|廊…174
楼|樓…111
ロク (人)禄|祿…168
録|錄…168
ワン 湾|灣…175

ダイ　台｜臺…126
たき　滝｜瀧…166
タク　択｜擇… 97
沢｜澤… 97
タン　担｜擔…127
単｜單…128
胆｜膽…127
嘆｜嘆
ダン　団｜團…114
断｜斷… 77
弾｜彈…128
チ　遅｜遲…129
痴｜癡…129
チュウ　昼｜晝…131
虫｜蟲
鋳｜鑄… 98
チョウ　庁｜廳…131
徴｜徵…132
聴｜聽…131
懲｜懲…132
チョク　勅｜敕… 84
チン　鎮｜鎭…107
つか　塚｜塚…152
テイ　逓｜遞
テツ　鉄｜鐵…133
テン　点｜點…134
転｜轉…114
デン　伝｜傳…114
トウ　灯｜燈…137
当｜當…135
党｜黨…135
盗｜盜…152
稲｜稻
闘｜鬪…137
｜鬭…137
トク　徳｜德…132
ドク　独｜獨…138
読｜讀…123
トツ　突｜突
とどけ　届｜屆…176
ナン　難｜難
ニ　弐｜貳
ニン　忍｜忍
認｜認
ノウ　悩｜惱…139
脳｜腦…139
ハ　覇｜霸…139
ハイ　拝｜拜…176
廃｜廢…142
バイ　売｜賣…140
梅｜梅…156
ハク　博｜博…140
薄｜薄…140
バク　麦｜麥…141
縛｜縛…140
ハツ　発｜發…142
髪｜髮…143
バツ　抜｜拔…143
ハン　繁｜繁…156
バン　晩｜晚…158
蛮｜蠻…144
ヒ　卑｜卑…144
秘｜祕…145
碑｜碑…144
ビ　弥｜彌
ヒン　浜｜濱…145
賓｜賓…145
頻｜頻…151
ビン　敏｜敏…156
瓶｜甁…147
フ　敷｜敷
ブ　侮｜侮…156
フツ　払｜拂…146
ブツ　仏｜佛…146
ヘイ　併｜倂…147
並｜竝
塀｜塀…147
ヘン　辺｜邊…148
変｜變…149
ベン　弁｜辨…150
｜瓣…150
｜辯…150
勉｜勉…158
ホ　歩｜步…151

シャ	写	寫	96
	舎	舍	132
	者	者	152
シャク	釈	釋	97
ジュ	寿	壽	98
シュウ	収	收	
	臭	臭	
ジュウ	従	從	98
	渋	澁	99
	獣	獸	99
	縦	縱	98
シュク	粛	肅	100
ショ	処	處	101
ジョ	叙	敍	163
ショウ	将	將	102
	称	稱	102
	渉	涉	151
	焼	燒	103
	証	證	103
	奨	獎	102
ジョウ	条	條	104
	乗	乘	104
	浄	淨	118
	剰	剩	104
	畳	疊	105
	縄	繩	105
	壌	壤	106
	嬢	孃	106
	(人)穣	穰	106
	譲	讓	106
	醸	釀	106
ショク	触	觸	138
	嘱	囑	123
シン	真	眞	107
	慎	愼	107
ジン	尽	盡	108
ズ	図	圖	108
スイ	粋	粹	91
	酔	醉	91
	穂	穗	76
ズイ	随	隨	109
	髄	髓	109
スウ	枢	樞	74
	数	數	111
セイ	声	聲	111
	斉	齊	112
	静	靜	118
セツ	窃	竊	113
	摂	攝	113
	節	節	122
セン	専	專	114
	浅	淺	115
	戦	戰	128
	践	踐	115
	銭	錢	115
	潜	潛	116
	繊	纖	117
ゼン	禅	禪	128
ソウ	双	雙	117
	争	爭	118
	捜	搜	119
	挿	插	119
	痩	瘦	119
	巣	巢	
	曽	曾	119
	僧	僧	119
	層	層	119
	総	總	121
	(人)聡	聰	121
	騒	騷	121
ゾウ	増	增	119
	憎	憎	119
	蔵	藏	122
	臓	臟	122
	贈	贈	119
ソク	即	卽	122
ゾク	属	屬	122
	続	續	123
ダ	堕	墮	109
タイ	対	對	124
	体	體	125
	帯	帶	
	滞	滯	
	(人)黛	黛	90

読み	新字	旧字	頁
	観	觀	63
ガン	(人)巌	巖	83
	顔	顏	176
キ	気	氣	65
	姫	姬	176
	既	旣	66
	帰	歸	68
	器	器	
	亀	龜	65
ギ	偽	僞	48
	戯	戲	69
	犠	犧	69
キュウ	旧	舊	70
キョ	拠	據	71
	挙	擧	161
	虚	虛	71
キョウ	峡	峽	72
	挟	挾	72
	狭	狹	72
	郷	鄕	66
	響	響	66
ギョウ	暁	曉	103
	(人)尭	堯	103
キン	勤	勤	73
	謹	謹	73
ク	区	區	74
	駆	驅	74
クン	勲	勳	75
	薫	薰	75
ケイ	径	徑	75
	茎	莖	75
	恵	惠	76
	掲	揭	60
	渓	溪	77
	経	經	75
	蛍	螢	49
	軽	輕	75
	継	繼	77
	鶏	鷄	77
ゲイ	芸	藝	78
ゲキ	撃	擊	79
ケツ	欠	缺	79
ケン	研	硏	
	県	縣	80
	倹	儉	82
	剣	劍	82
	険	險	82
	圏	圈	176
	検	檢	82
	献	獻	81
	権	權	63
	顕	顯	83
	験	驗	82
ゲン	厳	嚴	83
コウ	広	廣	87
	効	效	84
	(人)亘	亙	84
	恒	恆	84
	黄	黃	86
	鉱	鑛	87
ゴウ	号	號	88
コク	国	國	89
	黒	黑	90
	穀	穀	132
サイ	砕	碎	91
	済	濟	112
	斎	齋	112
	歳	歲	151
ザイ	剤	劑	112
サツ	殺	殺	152
ザツ	雑	雜	92
サン	参	參	92
	桟	棧	115
	蚕	蠶	93
	惨	慘	92
	賛	贊	93
	(人)讃	讚	93
ザン	残	殘	115
シ	糸	絲	
	歯	齒	94
ジ	児	兒	94
	辞	辭	95
シツ	湿	濕	83
ジツ	実	實	96

新旧字体対照表・索引

＊常用漢字および一部の人名用漢字について、新字体と旧字体を対照しました（人名用漢字には(人)と注記しました）。
＊すべての漢字ではなく大きく字形が新旧で異なるものを中心に選択してあります（⻌しんにょう、月部、食部のみの異同については取り上げていません）。
＊索引は２章［旧字源］のものです（頁の記載のないものは取り上げていない字です）。
＊索引配列は音の五十音順、部首順、画数順（本文掲載順）を基本としています（ただし、滝、塚、届、槙は訓）。

ア 亜|亞
アク 悪|惡
アツ 圧|壓… 45
イ 囲|圍… 46
医|醫… 47
為|爲… 48
イチ 壱|壹
イツ 逸|逸
イン 隠|隱… 48
エイ 栄|榮… 49
営|營… 49
衛|衞
エキ 駅|驛… 97
エツ 謁|謁… 60
エン 円|圓… 50
塩|鹽… 51
縁|緣… 50
艶|艷…154
オウ 応|應… 52
欧|歐… 74
殴|毆… 74
桜|櫻… 52
奥|奧…152
横|橫… 86
オン 温|溫…176
穏|穩… 48
カ 仮|假… 53
価|價… 54
ガ 画|畫… 54
カイ 会|會… 55
悔|悔…156
海|海…156
絵|繪… 55
壊|壞… 56
懐|懷… 56
ガイ 慨|慨… 66
概|槪… 66
カク 拡|擴… 87
殻|殼…132
覚|覺… 57
ガク 学|學… 59
岳|嶽… 58
楽|樂… 59
カツ 喝|喝… 60
渇|渴… 60
褐|褐… 60
カン 缶|罐… 61
巻|卷…176
陥|陷… 62
勧|勸… 63
寛|寬…152
漢|漢
関|關… 64
歓|歡… 63

あとがき

研究者でもないのに漢字とは長くつきあつてきました。仕事の必要にかられて漢和字典は人一倍捲る方で、殊に字形の問題については頭を悩ませてきたといへます。ただし前著（平成十七年『舊字力、舊假名力』）以降の漢字をめぐる情況の變化には辟易し、舊字新字問題も拱手傍觀、專ら校正仕事に沈潛してきました。ところが「舊漢字と字源」といふテーマをいただき、ひさしぶりに興味をもつて面白く原稿を書くことができました。舊漢字の字形から、そのおほもとの形や意味、古代中國の文化にまで遡る。讀者にも興味深いことではないでせうか。

もとより漢字の專門家ではないので、積み重ねられてきた先人の研究、漢和字典編纂者の知見、そして白川靜氏の學說をあちらへこちらへと涉り歩き、獨り勝手に纏めたものとなりましたが、まづは讀者諸賢には「舊漢字」へのガイドとしてお使ひいただけたらと思ひます。

各字典の編纂者、亡き白川靜氏に盡心の謝意を捧げるとともに、この機會を與へてくださつた瀨谷出版瀨谷直子氏に心よりお禮申し上げます。

平成三十年晚夏　　著者

【著者略歴】

青木逸平●あおき・いつへい

一九五七年生まれ。
早稲田大学第一文学部卒。
出版社、編集プロダクション勤務を経て、
フリーランスの編輯者、校正校閲者。

著書に
『旧字力、旧仮名力』(NHK出版)、
『四字熟語の大常識』
『妖怪の大常識』
『食べものの大常識』
(いずれもポプラ社)など。

［旧字源］
旧漢字でわかる漢字のなりたち

二〇一八年　九月一〇日　初版第1刷発行
二〇二四年一〇月二〇日　初版第3刷発行

著者　青木逸平
装丁・本文デザイン　山内たつゑ
発行者　瀬谷直子
発行所　瀬谷出版株式会社
〒102-0083
東京都千代田区麹町5-4
電　話03-5211-5775
FAX03-5211-5322
印刷所　精文堂印刷株式会社